Zimmerbrunnen

Renate
Müller

Zimmer-
brunnen

FALKEN

Inhalt

Vorwort

Zimmerbrunnen finden immer mehr Anhänger, da sie das Raumklima verbessern und hervorragende Luftbefeuchter sind. Zudem wirkt fließendes Wasser beruhigend und steigert damit unser Wohlbefinden. Ein harmonisch gestaltetes Brunnenarrangement aus schönen Pflanzen ist eine besondere Attraktion, die nahezu jeden anspricht. Und schließlich stellen die Beschäftigung mit lebenden Pflanzen und das Gestalten mit Brunnensteinen ein reizvolles Hobby dar, das gleichzeitig ein Stück Natur in die Wohnung bringt.
Zimmerbrunnen können fertig gekauft oder im Eigenbau erstellt werden. In beiden Fällen tauchen früher oder später zahlreiche Fragen auf, zum Beispiel:

- Warum befinden sich zwei Wasserstandsanzeiger im Zimmerbrunnen?
- Was ist ein Zweikreissystem?
- Was braucht man für den Eigenbau eines Zimmerbrunnens?
- Wie läßt sich ein Brunnen im Wintergarten gestalten?
- Welche Pflanzen verwendet man im Einkreisbrunnen?
- Welche Pflanzen eignen sich für einen dunklen Standort?

Das vorliegende Buch beantwortet nicht nur diese Fragen, sondern bietet auch Hilfestellungen, wenn der Zimmerbrunnen nicht mehr läuft oder wenn aufgrund fehlender Wartung Störungen auftreten. Hier kann die Checkliste auf Seite 31 helfen, den Fehler zu finden. Auch Pflege und Wartung der Zimmerbrunnen werden eingehend besprochen. Um die Pflanzenauswahl und -pflege zu erleichtern, ist ein ausführlicher Abschnitt den Pflanzen im Brunnenarrangement gewidmet. Da sich für den Zimmerbrunnen die erdelose Haltung am besten eignet, werden Standortansprüche und Pflege in Frage kommender Hydrokulturpflanzen vorgestellt.
Der Zimmerbrunnen besitzt durchaus eine gewisse Tradition, ist also keine völlig neue Erfindung. Die sprudelnden Mini-Oasen haben aber, wie kaum ein anderes Produkt im grünen Bereich, in den vergangenen Jahren eine rasante Entwicklung durchlaufen und Einzug in viele Wohnzimmer gehalten.
Leider konnte der eigentlich wünschenswerte und nötige Informationsfluß vom Hersteller zum Brunnenbesitzer mit der raschen Ausbreitung nicht immer mithalten.
Deshalb erhält der Leser im vorliegenden Buch:

- Erklärungen zu Aufbau und Wirkungsweise der Brunnen
- Anleitungen für Wartung und Pflege von Zimmerbrunnen
- Vorschläge zur kreativen Gestaltung mit Brunnenarrangements
- Hinweise und Tips zur Pflanzenpflege

Fachgerechte Wartung der Brunnen und richtige Pflanzenpflege sind mit etwas Know-how nicht schwer und sorgen auch auf Dauer für ungetrübte Freude an den zu Recht so beliebten Zimmerbrunnen.

Charlottenlund, Dänemark
Renate Müller

Warum Zimmerbrunnen?

Es gibt viele Gründe, die für die Anschaffung eines Zimmerbrunnens sprechen. Zum einen wecken Schönheit der Pflanzen und Attraktivität der Brunnensteine den Wunsch nach einem Brunnenarrangement. Zimmerbrunnen schmücken und beleben jedes Heim, sie passen gleichermaßen zu traditionellem wie modernem Wohnstil.
Zum anderen hat der Zimmerbrunnen mehr als nur dekorative Bedeutung. Bepflanzte Brunnen nehmen einen wesentlichen Einfluß auf das gesamte Raumklima und können damit die Gesundheit fördern.

Zimmerbrunnen und Gesundheit

Pflanzen und Zimmerbrunnen wirken in verschiedenster Weise auf Wohlbefinden und Gesundheit. Lebende Pflanzen und fließendes Wasser bilden im Brunnenarrangement eine Einheit und ergänzen sich in ihrer positiven Wirkung. Schadstoffabbau, Verbesserung des Raumklimas und Erhöhung der Luftfeuchtigkeit sind Schlagworte, die den gesundheitsbewußten Pflanzenliebhaber interessieren. Die Wirkung von bepflanzten Wohn- und Arbeitsräumen auf unser psychisches Wohlbefinden sollte dabei auch nicht vergessen werden.

Pflanzen und Psyche

Fast alle Menschen lieben Pflanzen. Ein unerklärliches Phänomen in dieser modernen, schnellebigen Zeit? Unser Leben wird durch Technik bestimmt. Wir arbeiten am Computer, benutzen Autos und Bahnen und wohnen in naturfernen Städten. Zeitnot, Leistungsdruck und Streß sind an der Tagesordnung. Ist da Natur nicht überflüssig geworden?
Ganz im Gegenteil: Immer mehr Menschen finden zurück zur Natur, sozusagen als Ausgleich für die fortschreitende Technisierung ihres Lebensraumes. Sie umgeben sich in ihren eigenen vier Wänden mit Pflanzen und holen sich damit ein Stück Natur zurück. Sie wollen zu Hause von Pflanzen umgeben sein oder an ihrem Arbeitsplatz auf grüne Trennwände statt auf Beton sehen. Das frische Grün der Blätter entspannt und wirkt sogar auf unruhige Gemüter beruhigend. Wo Pflan-

Zimmerbrunnen bringen ein Stück Natur in jede Wohnung

zen sind, ist Leben. Wo Pflanzen sind, fühlen wir uns wohl.
Viele Menschen lieben zudem die Beschäftigung mit der lebenden Pflanze, sie zu gießen, zu pflegen, zu vermehren. Die tägliche Pflanzenpflege ist etwas Natürliches, Entspannendes und damit ein willkommener Ausgleich zum häufig von Technik und Hektik geprägten Alltag.
Kann man die positive Wirkung von Pflanzen auf die Psyche nachweisen? Antwort auf diese Frage sollten vergleichende Untersuchungen geben. Dabei wurden Bewohner von begrünten Wohnhäusern sowie Angestellte in einem Glashausbüro nach ihrem Eindruck befragt, den die Begrünung der Gebäude auf sie machte. Sowohl die Außenbereiche als auch die Innenräume der untersuchten Wohnhäuser und des Bürogebäudes waren mit zahlreichen Pflanzungen gestaltet. Die Bauten waren nämlich nach den Prinzipien der „Grünen Solararchitektur“, einer Planungsgruppe namens LOG ID aus Tübingen, erstellt worden, waren also intensiv begrünt. Die Wohnhäuser der „Grünen Solararchitektur“ wurden in allen Punkten besser beurteilt als herkömmliche Bauten. Die Bewohner der intensiv begrünten Gebäude nannten weniger gesundheitliche Beschwerden und gaben ein besseres Allgemeinbefinden an. Das Bürogewächshaus unterschied sich vor allem aufgrund seiner Originalität und seiner Wirkung auf die Gesundheit von dem konventionellen Großraumbüro. In allen Fällen ließ sich ein deutlicher Zusammenhang zwischen den positiven Eindrücken der Bewohner und geringeren gesundheitlichen Beschwerden feststellen.
Unternehmen, die ihre Arbeitsräume intensiv begrünt haben, berichten ähnliches. Hier führte eine Innenraumbegrünung zu einer Verringerung der Fehlzeiten. Die positive Wirkung, die von Pflanzen ausgeht, macht sich also deutlich bemerkbar. Die beruhigende Ausstrahlung der Pflanzen trägt zum Wohlbefinden bei und verbessert das Arbeitsklima. Grüne Blätterwände statt lebloser Raumteiler, bepflanzte Pausenzonen mit fließendem Wasser und grüne Inseln inmitten der Arbeitswelt zahlen sich für Firmen demnach aus.
Auch daheim, in unseren eigenen vier Wänden, sollten wir uns diese positive Wirkung nicht entgehen lassen. Immerhin verbringen wir durchschnittlich 85 % unserer Zeit in geschlossenen Räumen. Ob Blumenfenster, Wintergarten oder ein bepflanztes Gefäß neben dem Lieblingsplatz – Pflanzen verbessern unsere Lebensqualität.

Wasser und Wohlbefinden

Ein rauschendes Meer oder ein stiller, tiefer Bergsee sind der Urlaubstraum vieler Menschen. Wasser zieht uns magisch an, in der Nähe des Wassers fühlen wir uns wohl. Wasser und Pflanzen bilden in der Natur oft eine Einheit. Denken wir nur an die Spiegelungen eines Waldes im klaren Bergsee. Die Begegnung mit der Natur ist häufig auch eine Begegnung mit lebenden Pflanzen und Wasser.
Immer mehr Menschen wollen nicht nur im Urlaub Natur hautnah erleben. Sie wollen auch zu Hause mit Wasser und lebenden Pflanzen umgeben sein. Pflanzen leben, Wasser belebt. Durch Brunnenarrangements kommen Pflanzen und Wasser in unsere Wohn- und Arbeitsräume. Ein Stück Natur wird nachempfunden und bildet im Alltag einen Ausgleich für den zunehmenden Verlust der freien Natur. Das Plätschern des Wassers wirkt anregend und beruhigend zugleich. Ste-

Leise plätschert das Wasser die Lavapyramide hinunter

hende Gewässer, Teiche, Wasserläufe im öffentlichen Grün sind bevorzugte Aufenthaltsorte. Wasserspiele und Quellbrunnen ziehen jedermann an. Nicht umsonst sind Gartenteiche in den vergangenen Jahren so beliebt geworden.
Aber nicht jeder hat das Glück, einen Gartenteich zu besitzen. In den Wohnungen der Städte fehlt der Garten ganz, oder die Häuser sind nur mit einem kleinen Garten versehen, der keinen Teich zuläßt. Zimmerbrunnen ermöglichen es heute, auch auf kleinstem Raum die Faszination des Wassers einzufangen.

Raumklima und Gesundheit

Wer kennt sie nicht – die warme, trockene Heizungsluft unserer Wohn- und Arbeitsräume im Winter? Sie führt zu trockenen Schleimhäuten, die Folge sind Infektions- und Erkältungskrankheiten. Trockene Augen, Bronchitis, Husten und Heiserkeit werden in zentralgeheizten Räumen deutlich gefördert. Die Haut trocknet aus, viele Menschen leiden ferner unter Müdigkeit, Konzentrationsschwäche und Abgeschlagenheit. Diese Beschwerden hängen direkt mit der zu geringen Luftfeuchtigkeit zusammen. Lufttemperatur und Luftfeuchtigkeit sind entscheidend für das Raumklima. Je nach Temperatur kann Luft nur eine bestimmte Höchstmenge an Wasser aufnehmen, die sich in % angeben läßt. Für ein angenehmes Innenraumklima sind bei einer Lufttemperatur zwischen 21–23 °C mindestens 40–50 % Luftfeuchtigkeit anzustreben. In zentralgeheizten Räumen finden wir im Winter jedoch oft eine relative Luftfeuchtigkeit von weniger als 30 %. Die zu trockene Luft wird als kühl empfunden, die Raumtemperatur deshalb weiter erhöht. Die relative Luftfeuchtigkeit sinkt noch mehr ab, überheizte Räume mit extrem trockener Luft sind die Folge. Diesen Teufelskreis gilt es zu brechen. Dabei kann durch eine Erhöhung der Luftfeuchtigkeit auf 40–60 % ein behagliches, gesundes Raumklima geschaffen werden.

Wie läßt sich die Luftfeuchtigkeit beeinflussen?

Wie können die empfohlene Luftfeuchtigkeit und damit ein gesünderes Klima im Innenraum erreicht werden? Hier bieten sich dem Pflanzenfreund Zimmerpflanzen an, die durch ihren Stoffwechsel auf ganz natürliche Art und Weise die Luftfeuchtigkeit im Raum anheben. Pflanzen verdunsten bei trockener Luft eine nicht unerhebliche Menge Wasser. Die abgegebene Wassermenge hängt unter anderem von der Pflanzenart, der vorhandenen Blattmasse und der Wüchsigkeit der Pflanze ab. Jedoch können nur gesunde Pflanzen mit entsprechendem Zuwachs die Luftfeuchtigkeit auf Dauer erhöhen.

Ein Beispiel: In einem Raum von etwa 30 m² und 22 °C Raumtemperatur beträgt die relative Luftfeuchtigkeit rund 30 %. Um die Luftfeuchtigkeit auf die empfohlenen 50 % anzuheben, sind 3 g Wasserdampf pro Kubikmeter Luft erforderlich. Das entspricht der Verdunstungsleistung einer mittelgroßen, gut im Wachstum befindlichen Pflanze, wie beispielsweise eines *Ficus benjamina*, der Birkenfeige. Ein größerer Wohnraum mit beispielsweise 100 m² erfordert demnach nur drei bis sechs Pflanzen, um innerhalb eines Tages die optimale Luftfeuchtigkeit zu erreichen. Mehr noch, die Qualität der Luftbefeuchtung ist ausgesprochen gut, da das verdunstete Wasser keimfrei, sozusagen von der Pflanze gefiltert ist.
Auch Pflanzen benötigen für ihren Stoffwechsel eine gewisse Mindestluftfeuchtigkeit, die je nach Art und Entwicklungszustand zwischen 30 und 40 % liegt. Ist die Luft zu trocken, schließt die Pflanze ihre Blattöffnungen, um die Verdunstung zu verringern. Der angestrebte Effekt, die Erhöhung der Luftfeuchtigkeit mittels Pflanzen, funktioniert dann nicht mehr. Hier kommen die Vorteile der Zimmerbrunnen zum Tragen. Quellbrunnen oder Wasserspiele geben reichlich Feuchtigkeit an die Raumluft ab. Diese Luftbefeuchtung erfordert im Gegensatz zum lebenden System Pflanze keine Mindestluftfeuchtigkeit, um in Gang zu kommen. Zimmerbrunnen geben Feuchtigkeit an die Raumluft ab. Die Oberflächenbeschaffenheit des Quellsteins bestimmt die wirksame Wasserfläche. Poröse Materialien wie Tuff- oder Lavasteine haben eine größere Oberfläche und ermöglichen damit eine stärkere Wasserverdunstung als beispielsweise Wasserspiele mit geschliffener Kugel.
Zimmerbrunnen sind einfache, natürliche und gleichzeitig sparsame Luftbefeuchter. Die Wirkung des Zimmerbrunnens auf das Raumklima regelt sich von selbst. Der Quellbrunnen gibt gerade soviel Wasser an die Raumluft ab, wie sie zur Sättigung braucht. Der Wasserverbrauch und damit die an die Raumluft abgegebene Feuchtigkeit hängt unter anderem von der vorhandenen Luftfeuchtigkeit im Raum, der Temperatur, der Raumgröße sowie von der Inneneinrichtung ab. Besonders direkt nach der Aufstellung können beachtliche Wassermengen abgegeben werden. Man muß daher darauf achten, daß der Brunnen nicht trockenläuft. Der hohe anfängliche Wasserverbrauch demonstriert, wie hoch der Bedarf an Feuchtigkeit ist, um ein gesundes Raumklima zu erreichen. Aber auch die Pflanzen profitieren von der höheren Luftfeuchtigkeit. Ihr Stoffwechsel trägt gleichfalls zur Verbesserung des Raumklimas bei. Die Kombination von

Je genauer der Brunnen in Art und Farbe auf den Wohnstil abgestimmt wird, desto harmonischer ist seine Wirkung

bepflanzten Hydrogefäßen mit Brunnen ist daher ideal. So verdunstet ein Hydrokulturgroßgefäß mit Brunnen pro Woche bis zu 20 l Wasser!
Die höhere Luftfeuchtigkeit kommt neben Menschen und Haustieren auch Holzmöbeln und Musikinstrumenten zugute. Weiterhin wird die statische Aufladung von Teppichböden verhindert, was damit verbundenen Ausfällen von Computern vorbeugt. Die Vorteile der höheren relativen Luftfeuchtigkeit in Wohn- und Arbeitsräumen sind damit zweifellos vielfältig.

Pflanzen bauen Luftschadstoffe ab

Umweltbelastungen wie die Verschmutzung der Luft sind mittlerweile ein ernstzunehmendes Problem. Davon ist nicht nur die Luft außerhalb von Gebäuden betroffen. Vielmehr steigt auch in Bürogebäuden, Krankenhäusern, Schulen und Wohnräumen die Belastung mit Schadstoffen. Allergien, Kopfschmerzen, allgemeines Unwohlsein und andere Symptome können die Folge sein. In einem Altersheim in Washington fand man bei Messungen nicht weniger als 25 verschiedene Stoffe in der Raumluft!
Woher stammen all diese Schadstoffe? Die Quellen von Luftverunreinigungen sind vielfältig: flüchtige Stoffe in Farben, Lacken, Klebern, Kunststoffen und Isolationen. Aber auch Möbel und Teppiche können schädliche Gase ausdünsten. Formaldehyd und Benzol sind nur zwei der Schadstoffe, die immer öfter in die Negativschlagzeilen geraten. Weiterhin sind ungesunde Lösungsmittel in zahlreichen Gegenständen des täglichen Bedarfs wie Filzschreibern und Klebstoffen enthalten. Auch Reinigungsmittel können schädliche Stoffe an die Raumluft abgeben.
Was kann man gegen diese Belastung tun? Können zum Beispiel Pflanzen Schadstoffe aus der Luft filtern? Welchen Einfluß haben lebende Pflanzen auf den Schadstoffgehalt der Luft? Diese Fragen sind noch lange nicht bis in alle Einzelheiten erforscht. Die bisherigen Untersuchungsergebnisse zu diesem Thema sind allerdings vielversprechend. Der ganz subjektive Eindruck, daß begrünte Räume gesünder sind, konnte inzwischen durch wissenschaftliche Studien belegt werden – Pflanzen reinigen die Luft.
Die amerikanische Luft- und Raumfahrtbehörde NASA machte dazu eine entscheidende Entdeckung. Die Frage, wie Menschen in einem abgeschlossenen Lebensraum im Weltraum längere Zeit überleben können, führte zu der Erkenntnis, daß Zimmerpflanzen Luftschadstoffe vernichten können. Abgebaut werden unter anderem Formaldehyd, Benzol, Toluol und Kohlendioxid. Weitere Versuche in Deutschland zeigten ähnliches. Hier wurde beispielsweise mit der Birkenfeige, *Ficus benjamina*, und der Efeutute, *Epipremnum pinnatum*, gearbeitet. Ergebnis: Beide Pflanzen nehmen Formaldehyd auf. Dies geschieht hauptsächlich über die Blätter. Schon nach wenigen Tagen beziehen die Pflanzen einen Großteil des Schadstoffes in ihren Stoffwechsel ein, indem sie ihn zu Zuckerverbindungen, Stärke und Sauerstoff umbauen.
Die genauen Mechanismen, die zu dieser Verringerung der Luftschadstoffe führen, sind noch nicht bekannt. Man kann aber davon ausgehen, daß das ganze System Pflanze, also Blätter und Wurzeln, daran beteiligt ist. Die verschiedenen Pflanzenarten unterscheiden sich jedoch in ihrer Fähigkeit, schädliche Stoffe absorbieren zu können.
Zu guter Letzt sind Pflanzen Sauerstoffproduzenten im großen Stil. Beim elemen-

Auch drehende Kugeln sind in einem Zimmerbrunnen möglich

taren Vorgang der Photosynthese erzeugt jede Pflanze Sauerstoff. Tagtäglich wandelt sie mit Hilfe der Lichtenergie Wasser und Kohlendioxid in Sauerstoff und Pflanzenbausteine um. Den Sauerstoff gibt sie an die Luft ab. Unter guten Bedingungen produziert eine mittelgroße Pflanze etwa einen Liter Sauerstoff pro Stunde.
All die Fähigkeiten der Pflanzen, die Luftqualität zu verbessern, sollten wir in unseren Wohn- und Arbeitsräumen nutzen. Pflanzenarrangements mit Zimmerbrunnen können wesentlich zur Verbesserung unserer Wohnqualität beitragen. Sie reduzieren den Schadstoffgehalt und erhöhen die Luftfeuchtigkeit – damit entsteht ein Klima, in dem sich Menschen und Haustiere gleichermaßen wohl fühlen.

Dekorative Aspekte

Trotz vielfältiger Freizeitangebote hat das behagliche Zuhause für immer mehr Menschen einen hohen Stellenwert, wobei die individuelle, ansprechende Einrichtung eine große Rolle spielt. Dekorative Zimmerpflanzen, ob schmucke Grünpflanzen oder je nach Jahreszeit blühende Topfpflanzen, sind in vielen Haushalten wichtiger Bestandteil einer wohnlichen Raumgestaltung. Nach und nach erobern sich auch die Zimmerbrunnen einen festen Platz im gemütlichen Wohnbereich.

Zimmerbrunnen fürs Zuhause

Arrangements mit Zimmerbrunnen werden schnell zum Mittelpunkt einer jeden Fensterbank. Das harmonische Auf und Ab des Blumenfensters wird durch einen Zimmerbrunnen aufgewertet und belebt. Brunnen für zu Hause wirken besonders edel in einem Keramikgefäß, die Farbe sollte mit der Möblierung harmonieren. Brunnenart, Farbe und Material des Quellsteins können entsprechend der Einrichtung ausgewählt werden. In ein rustikales Wohnzimmer paßt besonders gut ein Kupferbrunnen, in einem modernen Raum gefällt eine drehende Kugel. Naturbelassene Lava- oder Tuffsteine kann man zum Beispiel in fast alle gängige Wohnstile dekorativ integrieren.
Glasanbauten, Wintergärten, aber auch geräumige Wohnräume mit großen Fensterflächen lassen sich ansprechend durch Großgefäße mit Quellbrunnen oder Wasserspiel gestalten. Nicht selten ist ein Wintergarten mit Brunnen oder Teich der bevorzugte Aufenthaltsort der ganzen Familie.
Aber auch im herkömmlichen Wohnzimmer kann man mit Pflanzen und Zimmerbrunnen dekorative Ideen verwirklichen. Runde oder sechseckige Gefäße eignen

sich am besten für ein Arrangement mit Brunnen. Wird ein gemütlicher Stuhl oder Sessel in die Nähe der grünen Insel gestellt, ist schnell ein Lieblingsplatz geschaffen. Eine Sitzgruppe in räumlicher Nähe zum Brunnenarrangement hat Ausstrahlung und lädt zum Verweilen ein. Steht genügend Platz zur Verfügung, sind Gruppen aus mehreren Sechsecken besonders schön. Dabei wird ein Gefäß dominierend bepflanzt, in einem anderen Sechseck wird ein großer Brunnen arrangiert. Ein oder mehrere Sechsecke schaffen durch eine passende, nicht zu lebhafte Beipflanzung eine Einheit aus der Pflanzgruppe und dem Brunnen – eine grüne Oase zu Hause.

Effekte mit Licht und Wasser

Bewegtes Wasser fasziniert. Dieser Effekt des Zimmerbrunnens kann mit Licht noch um ein Vielfaches gesteigert werden. Eine Unterwasserbeleuchtung hebt die Bewegungen des Wassers deutlich hervor. Mit einer Lampe werden Lava- oder Tuffsteingrotten angeleuchtet, die Formgebung und Struktur des Natursteins betont. Erst durch Licht kommen kleine Seen und Teiche voll zur Geltung. Höhlungen im Naturstein werden stimmungsvoll ausgeleuchtet, Licht und Schatten unterstreichen die rauhe, natürliche, zerklüftete Oberfläche der Steine. Gerade dunkle Natursteine wie Lavagestein wirken durch die Beleuchtung heller und freundlicher.
In modernen Räumen sorgen farbig beleuchtete Wassersäulen aus Acrylglas für besondere Lichteffekte. Luftblasen sprudeln in schillernden Farbtönen, da diese Acrylsäulen in verschiedenen Farben zu beleuchten sind. Rote, grüne, blaue und gelbe Farbscheiben werden vor die Lampe gesetzt und bestimmen die Wirkung.
Unaufdringlicher und beschaulicher wirken von innen beleuchtete Glaskugeln. Hier werden farbige Nuancen mit buntem Glas erreicht, durch das das Licht nach außen dringt. Eine beleuchtete Glaskugel ist je nach Kugeldurchmesser sowohl für größere Objekte wie auch für den Brunnenliebhaber zu Hause geeignet.
Diese stimmungsvolle Beleuchtung im und am Wasser ist durch die ausgereifte Technik der Unterwasserlampen möglich. Zum Ausleuchten von Zimmerbrunnen, Teichen, Grottenbrunnen, Wassersäulen und Aquarien setzt man spezielle Unterwasser-Halogenscheinwerfer ein. Natürlich bleibt es dem einzelnen überlassen, wieviel Technik er für seine Pflanzenlandschaft einsetzen will. Der eine liebt seinen Brunnen so naturbelassen wie möglich, der andere schätzt die Verknüpfung von schönen Pflanzen mit wirkungsvollen Effekten.

Mit einer Beleuchtung kann man zusätzliche Effekte schaffen

Aufbau und Bestandteile des Zimmerbrunnens

Das System Brunnen stellt einen Kreislauf dar, in dem Wasser mittels einer Pumpe über einen Quellstein oder durch ein Wasserspiel gepumpt wird und anschließend in die Brunnenschale zurückfließt. Es handelt sich hierbei um ein geschlossenes System, bei dem verbrauchtes Wasser ergänzt werden muß. Das Wasser wird nach und nach erneuert, ein kompletter Wasseraustausch zu einem bestimmten Zeitpunkt findet nicht statt.
Es gibt Brunnensysteme mit nur einem Wasserkreislauf und solche mit zwei Kreisläufen. Bei den sogenannten Zweikreissystemen befinden sich die Pflanzen in einem zweiten, getrennten Wasserkreislauf. Beide Systeme sind mit Vor- und Nachteilen behaftet, die hier gegenübergestellt werden sollen. Je nach Anwendungsart des Brunnens, seiner spezifischen Bauart, aber auch je nach Fingerspitzengefühl und subjektivem Empfinden kann jeder Brunnenliebhaber seine Wahl treffen.

Einkreissysteme

Zimmerbrunnen dieser Kategorie haben einen einzigen Wasserkreislauf, in den Pflanzen und Brunnen eingegliedert sind. Die ersten Brunnenmodelle waren Einkreissysteme, die im Laufe der Jahre mehr und mehr von Zweikreisbrunnen abgelöst wurden. Für besondere Anwendungen wie flache Brunnenschalen kommen sie nach wie vor zum Einsatz.

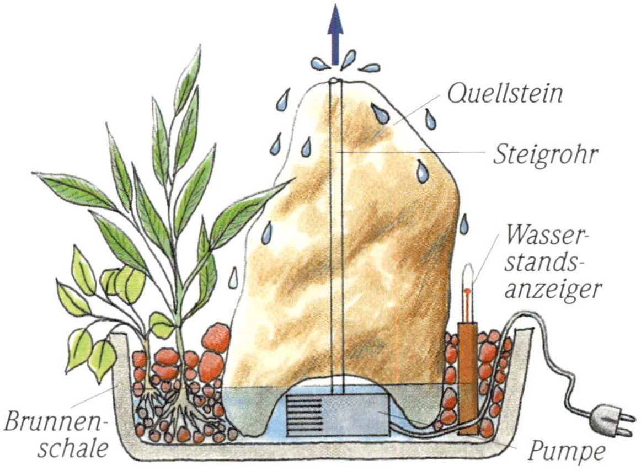

Einkreissystem: Pflanzen und Brunnen stehen im selben Wasserkreislauf

Aufbau und Funktionsweise
Der Aufbau des Einkreissystems ist einfach und unkompliziert. In eine Pflanzschale ohne gesonderten Innentopf werden der Brunnenstein, die Pumpe sowie die Verbindungselemente zwischen Stein und Pumpe gestellt. Die Pflanzen gruppiert man darum herum, das Arrangement wird dann mit Blähton aufgefüllt.
Die Einkreissysteme finden meist dann Anwendung, wenn der Brunnen im Verhältnis zur verwendeten Schale sehr groß sein soll. Auch bei den sogenannten Grotten und Natursteinen, die durch Bearbeitung die Form einer Höhle bekommen, handelt es sich meist um Einkreissysteme. Bei diesen Steinen überwiegt die Wirkung des Lava- oder Tuffgesteins. Die Steine nehmen fast den ganzen Raum der Pflanzschale ein und lassen so keinen Platz für einen zweiten Wasserkreislauf. Auch tropft bei Grotten oder Höhlen Wasser in eine ständig wassergefüllte Mulde und bildet so einen Miniatursee in der Brunnenschale. Die Pflanzen werden als Beiwerk um Steinlandschaft und See plaziert, der höhlenbildende Stein stellt den Mittelpunkt des Arrangements dar.

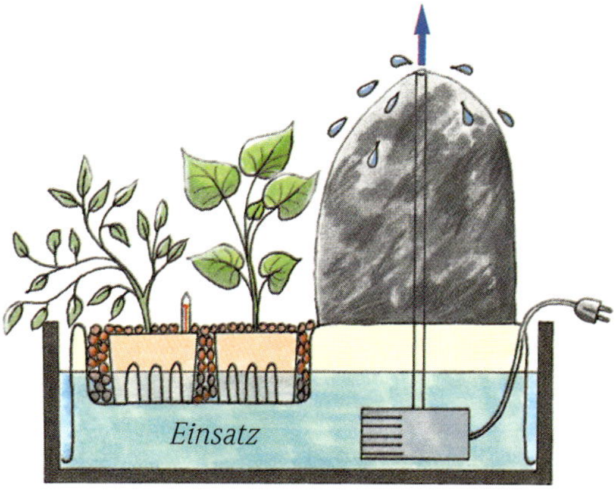

Spezielle Einsätze gewährleisten den Pflanzen auch im Einkreissystem gute Wachstumsbedingungen

Für den Pflanzenfreund liegt nun schon auf der Hand, daß bei diesen Systemen Schwierigkeiten für die Pflanzen entstehen können. Ein Kreislauf bedeutet auch, daß Pflanzen und Pumpe im selben Gefäß sitzen. Die Pumpe benötigt für eine einwandfreie Funktion ständig einen hohen Wasserstand, so daß immer ausreichend Wasser im Gefäß sein muß. Die Hydrokulturpflanzen dagegen lieben einen mittleren Wasserstand. Zwischen den Gießintervallen sollte der Wasserstand sogar besser einmal ganz absinken. Wie lassen sich diese unterschiedlichen Ansprüche vereinbaren? Hier liegen die Nachteile und Grenzen dieses Brunnensystems. Die Befürworter der Einkreisbrunnen vertreten die Ansicht, daß der ständig hohe Wasserstand für die Pflanzen zu verkraften sei. Mit Sicherheit schränkt er jedoch die Haltbarkeit der Pflanzen ein, auch können nicht alle Pflanzen gleichermaßen gut mit einem hohen Wasserstand leben. Bei Einkreisbrunnen sollte man auf Pflanzen verzichten, die einen „trockenen Fuß“ bevorzugen, empfindlich auf Staunässe reagieren oder einen niedrigen Wasserstand benötigen wie *Codiaeum variegatum*, *Dizygotheca*-Arten oder alle sukkulenten Arten.

Aber auch die Anwendung des Brunnens entscheidet, ob ein Einkreissystem in Frage kommt. Denn die Höhe des Wasserstands hängt stark davon ab, ober der Brunnen läuft oder stillsteht. Beim Betrieb des Brunnens läuft eine große Wassermenge um, der Stein nimmt ebenfalls, je nach Oberfläche, Wasser auf. Schaltet man den Brunnen ab, läuft die gesamte Wassermenge in die Brunnenschale zurück, der Wasserstand steigt rapide an. Pflanzenwurzeln brauchen Sauerstoff, ein ständig hoher Wasserstand jedoch schneidet den Wurzeln die Luftversorgung ab. Für Hydrokulturpflanzen im Einkreissystem ist es also wichtig, daß der Brunnen solange wie möglich läuft. Durch die Umwälzung wird nicht nur der Wasserstand auf pflanzenverträgliche Höhe gesenkt, sondern auch das Wasser mit Sauerstoff angereichert. Will man den Pflanzen trotz Einkreissystem Wachstumsbedingungen gewährleisten, setzt man sie beim Bestücken der Brunnenschale nicht auf den Boden. Vielmehr füllt man zuerst eine Schicht Blähton ein, auf die die Hydropflanzen dann gruppiert werden. Noch einfacher sind spezielle Einsätze, die in die Brunnenschale passen und die Pflanzen auf einem bestimmten Niveau fixieren. Aufgefüllt wird danach wie gehabt. Die Pflanzen sind nun etwas angehoben, der Wasserstand ist für sie niedriger, so daß damit bessere Wachstumsbedingungen herrschen. Dieser Kunstgriff macht das Einkreissystem zu einer nahezu perfekten Methode (siehe Abb. oben).

Vorteile von Einkreissystemen

- Nur ein Wasserkreislauf, das Gießen ist einfacher
- Geringere Gefahr einer trockenlaufenden Pumpe, da nur ein Wasserkreislauf zu überwachen ist
- Große Steine möglich, da kein Innentopf begrenzend wirkt
- Keine Gefahr, daß Wasser durch ein Blatt etc. vom Brunnen- in den Wasserkreislauf umgeleitet wird (keine „Brückenbildung", siehe auch Abb. Seite 17 r.o.)
- Kleinere und flachere Brunnenschalen verwendbar
- Vielfältige Gestaltungsmöglichkeiten, da beim Pflanzen keine Rücksicht auf einen Innentopf oder auf „Brückenbildung" genommen werden muß
- Kein unschöner Innentopf, der aus dem Blähton herausschaut

Nachteile von Einkreissystemen

- Große Verschmutzungsgefahr der Pumpe durch Wurzeln und Abrieb von Ton und Dünger
- Häufigere Reinigung von Pumpe und Filter erforderlich
- Reinigung, Wartung und Reparatur der Pumpe schlecht möglich, da Pumpe schwer zugänglich. Ausnahme: spezieller Schaleneinsatz
- Gewaschener Blähton nötig, um Abrieb zu minimieren
- Ständig hoher Wasserstand für die meisten Hydrokulturpflanzen ungünstig. Ausnahme: spezieller Schaleneinsatz
- Für ausreichende Sauerstoffversorgung der Wurzeln nahezu Dauerbetrieb des Brunnens erforderlich
- Brunnensteine verschmutzen sehr schnell, da Düngerwasser umläuft: Algenwachstum, Moosbildung, Kalkablagerungen
- Bepflanzung und Pflege erfordern viel Fingerspitzengefühl

Flache Brunnenschalen erfordern auch heute noch ein Einkreissystem

Zweikreissysteme

Der Zweikreisbrunnen hat, im Gegensatz zu den zuvor besprochenen Brunnensystemen, zwei getrennte Wasserkreisläufe. Auf den ersten Blick sehen die beiden Systeme sehr ähnlich aus, das Innenleben des Zweikreissystems ist jedoch aufwendiger.

Aufbau und Funktionsweise

Beim Zweikreissystem sitzt der Brunnen und damit vor allem auch die Pumpe in einem separaten, wasserdichten Innentopf, der mit einem gelochten Deckel nach oben hin verschlossen ist. Auf diesem Brunnendeckel befindet sich ein

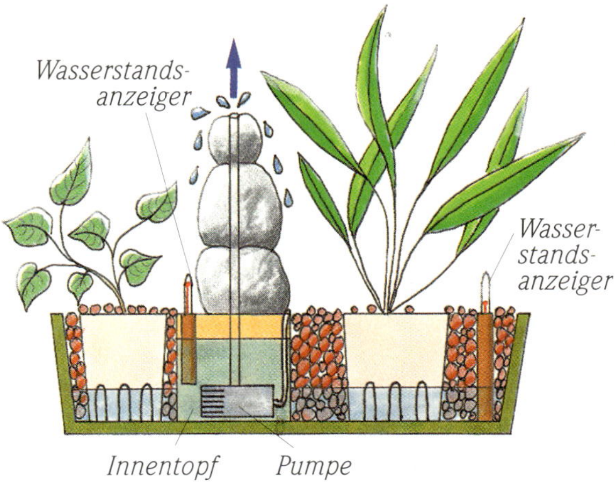

Zweikreissystem: Pflanzen und Brunnen haben getrennte Wasserkreisläufe

Am Quellstein anliegende Blätter führen zu Brückenbildung. Wasser wird umgeleitet

Brunnenstein oder Wasserspiel, so daß das bewegte Wasser durch den Deckel in den Innentopf zurückläuft (siehe Abb. l.o.).
Der Brunnentopf wird auch als Wasserauffangbehälter bezeichnet. Die Einheit – Innentopf, Brunnendeckel und Brunnen – wird nun in die äußere Brunnen- oder Pflanzschale eingestellt. Die Pflanzen gruppiert man je nach Gestaltungswunsch daneben und füllt dann die Brunnenschale mit Blähton auf. Achtung: Es darf auf keinen Fall Blähton in den Wasserauffangbehälter gelangen!
Um eine Verschmutzung der Pumpe zu verhindern, empfiehlt sich eine Abdeckung des Brunnendeckels mit gewaschenem Ton oder Zierkies. Das Pflanzenarrangement kann dagegen ohne Bedenken mit ungewaschenem Blähton gefüllt werden.
Beim Zweikreissystem haben Brunnenkreislauf und Wasserkreislauf der Pflanzen keine Verbindung. Und das ist der Sinn dieses Typs, liegt doch die Grenze des Einkreisbrunnens in der Haltbarkeit der Pflanzen. Beim Zweikreissystem hingegen ist ein optimales Pflanzenwachstum gewährleistet, da die Pflanzen entsprechend ihrer Bedürfnisse mit Wasser versorgt werden.
Gleichzeitig kann der Wasserstand für den Brunnenkreislauf ständig auf „Maximum“ stehen, was den einwandfreien Betrieb der Pumpe sicherstellt. Kompromisse hinsichtlich des Wasserstandes sind hier nicht nötig. Das ist das große Plus dieses Systems.
Aber auch das Zweikreissystem hat Nachteile. So kann es vorkommen, daß Pflanzen dicht an den Brunnen gepflanzt wurden oder an den Stein heranwachsen. Blätter, die den Quellstein berühren, bilden dann eine „Brücke“ zwischen den beiden Kreisläufen und leiten das Wasser vom Brunnen- in den Wasserkreislauf der Pflanzen um (siehe Abb. r.o.). Dadurch steigt der Wasserstand im bepflanzten Bereich rapide an, während die Pumpe möglicherweise trockenläuft. Auch ungünstig liegende Steine können eine derartige „Brücke“ zwischen den Wasserkreisläufen bilden. Um eine solche Störung zu verhindern, sollte schon der „Brunnenbauer“ auf eine gute Positionierung der Pflanzen achten, damit diese nicht zu dicht am Quellstein oder Wasserspiel stehen. Trotzdem wird es nicht ausbleiben, daß sich im Laufe des Wachstums die Blätter dem Brunnen nähern, so daß

eine gewisse Aufmerksamkeit erforderlich ist. Pflanzenteile, die den Brunnen berühren, entfernt man, bindet sie auf oder dreht die Pflanze etwas.
Natürlich bedeutet das Vorhandensein von zwei Kreisläufen und damit die Beobachtung von zwei Wasserstandsanzeigern mit verschiedenen Wasserständen etwas mehr Aufwand. Dennoch wird derjenige, der dauerhaft Freude an seinen Pflanzen haben und der Bepflanzung ebenso wie der Brunnentechnik gerecht werden möchte, sicher dieses Brunnensystem bevorzugen.

Vorteile von Zweikreissystemen

- Optimales Gedeihen der Pflanzen aufgrund des pumpenunabhängigen Wasserstands
- Alle Hydrokulturpflanzen verwendbar, auch wurzelempfindliche oder sukkulente Arten
- Verschmutzung von Pumpe und Filter geringer, damit geringerer Wartungsaufwand
- Reinigung, Wartung und Reparatur der Pumpe leicht möglich, da gut zugänglich
- Separater Brunnenkreislauf erlaubt Verwendung von abgekochtem oder destilliertem Wasser. Dadurch keine Moos- und Algenbildung auf dem Brunnenstein
- Betrieb oder Stillstand des Brunnens ohne Einfluß auf die Pflanzenhaltbarkeit
- Ungewaschener Blähton verwendbar, lediglich die Abdeckung der Innentöpfe erfordert gewaschenes Material oder Dekosteine

Nachteile von Zweikreissystemen

- Der Wasserstand von zwei Kreisläufen muß beobachtet, zwei verschiedene Wasserstände müssen eingestellt werden
- Immer zwei Wasserstandsanzeiger erforderlich
- Mehr Zubehör nötig: Innentopf und Abdeckung
- Der Innentopf benötigt Platz, der für die Bepflanzung verloren geht
- Die Brunnenschale muß ausreichend groß sein, um Pflanzen und Brunnenkreislauf aufnehmen zu können
- Gefahr der „Brückenbildung" mit möglichem Trockenlaufen der Pumpe und zu hohem Wasserstand für die Pflanzen
- Zu große Steine können ebenfalls zum Überlaufen des Wassers vom Brunnen- zum Pflanzenkreislauf führen, deshalb Steingröße nicht größer als der Innentopf
- Sorgfältige Abdeckung des Innentopfs erforderlich, da sonst der unschöne Rand des Innentopfs auffällt

Auch bei Zweikreisbrunnen gibt es spezielle Einsätze, die das System optimieren. Eine dieser Möglichkeiten ist ein Einsatz, der ein kleines Pflanzbecken bildet und die Pflanzen aufnimmt. Dadurch befindet sich der Wasserkreislauf der Pumpe in der äußeren Brunnenschale, während die Pflanzen in einem Innentopf wachsen, also gerade umgekehrt wie beim herkömmlichen Zweikreissystem. Damit wird im Brunnenkreislauf ein größerer Wasservorrat möglich.

Bestandteile

Im Idealfall bilden Brunnen und Bepflanzung eine Einheit. Der dekorative Quellstein ist von Pflanzen umringt, das Wasser plätschert über Brunnenstein oder Wasserspiel und versickert zwischen Blähton oder Dekosteinen. Die Brunnenschale harmoniert mit der Einrichtung, die Bepflanzung paßt in Art und Größe zum ausgewählten Quellstein und verspricht gleichermaßen Haltbarkeit und Schönheit. Um dieses Ziel zu erreichen, ist eine sorgfältige Auswahl der Bestandteile nötig.

Brunnenschalen

Die Brunnenschale, auch als Außengefäß oder Pflanzschale bezeichnet, nimmt Pflanzen und Brunnen auf. Materialien, die für Brunnenschalen Verwendung finden, müssen folgenden Anforderungen genügen:

- absolut wasserdicht
- lebensmittelecht
- chemisch neutral
- robust und haltbar

Die Wasserdichtigkeit ist natürlich ein entscheidendes Kriterium für die Eignung einer Schale, denn Wasserschäden in der Wohnung sind ärgerlich. Dabei wird sich selten eine Brunnenschale gleich als undicht erweisen, es geht vielmehr um die Dauerhaftigkeit. In diesem Punkt unterscheiden sich minderwertige, billige Keramiken von qualitativ hochwertigen Materialien.
Für die Pflanzen im Arrangement ist es wichtig, daß die verwendeten Materialien auch unter Einwirkung eines Düngers keine Stoffe an die Nährlösung abgeben. Dies ist nur bei sogenannten lebensmittelechten Gefäßen gegeben, andernfalls besteht die Gefahr, daß beispielsweise Schwermetalle aus der Glasur herausgelöst werden und schwere Pflanzenschäden verursachen.

Selbstverständlich muß die Brunnenschale robust und haltbar sein, um Pflanzen und vor allem Quellsteine ohne Bruch oder Haarrisse aufzunehmen. Die Anforderungen an die Haltbarkeit sind deutlich höher als bei herkömmlichen Pflanzgefäßen, da die verwendeten Steine scharfe Kanten besitzen und gleichzeitig durch ihr hohes Gewicht einen starken Druck auf die Schalen ausüben.
Zwei Materialien für die Brunnenschalen haben sich durchgesetzt, zum einen Kunststoff und zum anderen Keramik. Kunststoff, verwendet wird in der Regel Polystyrol, ist robust, haltbar und zumeist die preiswerteste Lösung. Er läßt sich in den verschiedensten Farben einfärben, wobei Braun, Weiß und Schwarz am beliebtesten sind. Brunnenschalen aus Keramik müssen hydrokulturtauglich sein. Anderenfalls können die schon erwähnten Haarrisse auftreten, die Gefäße werden dann undicht. Alle Brunnenschalen, die auf Möbeln oder Holzfußböden stehen, sollten mit sogenannten Filzfüßchen versehen werden. Damit kann Schwitzwasser, das sich unter den Gefäßen bildet, abtrocknen, und Schäden an Möbeln oder Böden werden verhindert.
Seltener finden Steingutschalen als Brunnengefäße Verwendung. Sie werden bei höheren Temperaturen als Keramik gebrannt, sind dicker und schwerer als diese. Darüber hinaus kann natürlich das ganze Sortiment der Hydrokulturgefäße als Brunnenschale benutzt werden, sofern Größe und Geräumigkeit ausreichen.
Bei den Formen ist zweifellos die runde Brunnenschale mit Abstand die Nummer eins. Für die Optik sind flache Schalen vorteilhaft, was beim Zweikreissystem, wie im vorherigen Abschnitt beschrieben,

an Grenzen stößt. Bei Großgefäßen findet außer der runden Form das Sechseckgefäß seine Liebhaber. Hier lassen sich schöne Gruppen aus mehreren Gefäßen bilden.

Pflanzen

Natürlich sind die Pflanzen, zusammen mit dem Brunnen selbst, die wichtigsten Bestandteile im Brunnenarrangement. Ohne Pflanzen wirkt der schönste Brunnenstein flach und leblos. Erst durch die Pflanzen wird aus Stein und Wasser ein Stück Natur – die kleine Oase für zu Hause.

Die meisten Zimmerbrunnen werden in Kombination mit Hydrokulturpflanzen angeboten. Es drängt sich daher die Frage auf, warum gerade diese am häufigsten für Brunnenarrangements Verwendung finden. Welche Vorteile bietet die Hydrokultur gegenüber Pflanzen in Erde?

Sechseckgefäß

Hydrogewächse sind Pflanzen, die ganz ohne Erde kultiviert werden und kein organisches Material als Substrat aufweisen. Pflanzen benötigen zum Leben nicht unbedingt Erde, sie brauchen aber Licht, Wasser, Luft sowie bestimmte Nährstoffe für ihr Wachstum. Bei der Hydrokultur finden die Pflanzen in der Nährlösung alle nötigen Mineralstoffe. Darüber hinaus gibt das Material Blähton den Hydropflanzen den nötigen Halt.

Die Hydrokultur bietet dem Pflanzenfreund und dem Brunnenliebhaber einige Vorteile:

- Der größere Wasservorrat ermöglicht eine Bevorratung mit Wasser, die je nach Gefäßgröße für zwei bis vier Wochen ausreicht.
- Der Wasserstandsanzeiger erleichtert das Gießen, er ermöglicht eine einfache Kontrolle der Nährlösung. Entscheidend ist, daß bei der Hydrokultur erst dann nachgegossen werden soll, wenn das gesamte Wasser von den Pflanzen verbraucht ist und der Wasserstandsanzeiger „Minimum“ anzeigt.
- Der bei der Hydrokultur verwendete Blähton ist sauber, geruchlos und strukturstabil, das heißt, er zersetzt sich nicht.
- Hydropflanzen müssen deshalb seltener umgetopft werden, eine wesentliche Arbeitsersparnis, die vor allem auch bei Brunnengefäßen vorteilhaft ist.
- Im Blähton finden die Pflanzenwurzeln ein ideales Verhältnis von Feuchtigkeit und Luft, denn Pflanzenwurzeln benötigen neben Wasser auch Luft beziehungsweise Sauerstoff.
- Durch das Material Blähton entfällt das Substrat als Quelle bodenbürtiger Krankheiten oder Schädlinge.
- Die Düngung der Hydrokulturen ist denkbar einfach, da mit einem Langzeitdünger eine Bevorratung von vier bis sechs Monaten möglich wird.

Blähton

Hydrokulturpflanzen wachsen in Blähton, der deshalb auch für das Brunnengefäß Verwendung findet. Dabei kommen nur Blähtonarten in Frage, die für Hydrokultur geeignet sind und keine schädlichen Stoffe oder hohe Salzkonzentrationen enthalten. Nicht alle Blähtonarten sind für Pflanzen empfehlenswert. Daher sollten nur Marken gekauft werden, die für die Pflanzenhaltung getestet sind. Ausschließlich diese gewährleisten eine optimale Qualität.
Die Entdeckung des Materials Blähton für die Hydrokultur bedeutete den Durchbruch für die erdelose Pflanzenhaltung. Blähton wird nach einem speziellen Verfahren bei 1200 °C gebrannt und erhält dabei seine spezifische Oberflächenstruktur. Diese Beschaffenheit bedingt ein ideales Verhältnis von Luft und Wasser um die Wurzeln und ermöglicht damit ein optimales Pflanzenwachstum.
Für unseren Brunnen liegt der Vorteil des Blähtons in seiner groben und stabilen Struktur. Blähton zersetzt sich nicht, verschlämmt und krümelt nicht und verhindert so eine unnötige Verschmutzung der Pumpe. Abrieb, der bei Herstellung und Transport anfallen kann, läßt sich vor der Verwendung des Substrates leicht auswaschen.
Blähton gibt es in drei Größen:

- 2–4 mm: Die kleinste Größe dient hauptsächlich der Anzucht der Hydrokulturpflanzen. Für Zimmerbrunnen benutzt man diese Größe, wenn natürliche Mulden oder gebohrte Löcher in Brunnensteinen bepflanzt werden sollen. Die ersten bepflanzten Lavabrunnen waren nach diesem Prinzip angelegt.
- 4–8 mm: Diese Größe findet vor allem für kleinere Brunnenschalen Verwendung. Besonders bei kleinen Zweikreissystemen eignet sich diese Blähtongröße gut, um die Zwischenräume in der Brunnenschale aufzufüllen. Zu beachten ist allerdings, daß das Substrat der Pflanzen um so feuchter wird, je kleiner die Körnung des Blähtons ist.
- 8–16 mm: Die größte und gängigste Blähtonkörnung kommt bei größeren Brunnenschalen und bei allen Bodengefäßen mit Brunnen zum Einsatz.

Blähton kommt aufgrund seiner Eigenschaften gleichermaßen für Pflanzen und Brunnentechnik in Frage. Lediglich dort, wo kleine Teiche oder Seelandschaften entstehen sollen, kann er nicht alleine verwendet werden. Der Blähton würde auf dem Wasser schwimmen und könnte der „Uferbepflanzung" keinen Halt geben. Für Zimmerbrunnen mit Wasserflächen sind schwerere Schamott- oder Lavagesteine nötig. Hier können Kombinationen aus Blähton als Basis und schweren Steinen als Befestigung Anwendung finden.

Wasserstandsanzeiger

Der Wasserstandsanzeiger hilft, den Wasserstand im Brunnenkreislauf und im Pflanzgefäß zu ermitteln. Im Einkreissystem benötigt man lediglich einen Anzeiger, während im Zweikreissystem zwei voneinander unabhängige Wasserstandsanzeiger erforderlich sind.
Die gebräuchlichen Wasserstandsanzeiger beruhen auf einem Schwimmerprinzip. In einem Röhrchen mit durchsichtigem Oberteil befindet sich ein Schwimmer mit einem Anzeigestab. Strömt Wasser in die seitlichen Öffnungen des Röhrchens, heben sich Schwimmer und Anzeigestab entsprechend der Höhe des Wasserstandes. Der Anzeigestab zeigt dann im Schauglas auf die Marken „Minimum", „Optimum" oder „Maximum" (siehe Abb. Seite 22). Da diese Wasserstandsanzeiger

ursprünglich für Hydrokulturpflanzen entwickelt wurden, basieren die Bezeichnungen auf den Pflanzenbedürfnissen. Eine Pumpe hingegen hat in bezug auf den Wasserstand ein absolut anderes Optimum als die Pflanzen.

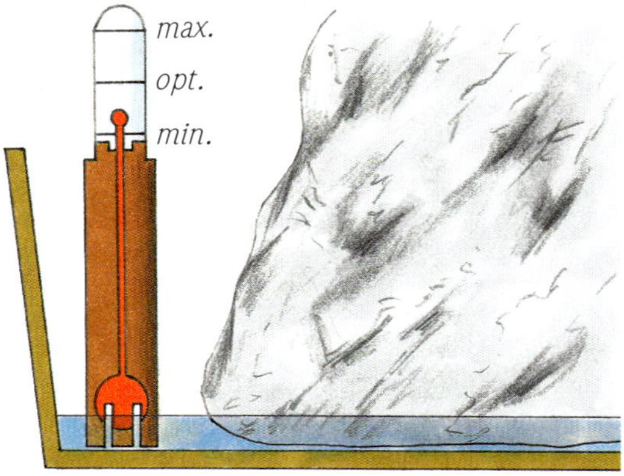

Aufbau eines Wasserstandsanzeigers

Das einfache Schwimmerprinzip kann auch zum Handicap werden. Pflanzenwurzeln, Dünger, Abrieb von Blähton oder Brunnensteinen können den Schwimmer verklemmen. Bewegt sich der Anzeiger nicht, obwohl Wasser in das Gefäß eingefüllt wird, hängt offensichtlich der Anzeigestab fest. Genauso sollte man mißtrauisch werden, wenn der Wasserstandsanzeiger tagelang keinen Wasserverbrauch anzeigt. In diesen Fällen hilft oft bereits ein leichtes Klopfen am Schauglas, um das Problem zu beseitigen. Bei stärkerer Verschmutzung kann das Auswaschen des Anzeigers unter fließendem Wasser erforderlich werden.
Die erforderliche Höhe des Wasserstandes ist davon abhängig, ob es sich um den Brunnenkreislauf oder um die Wasserversorgung im Pflanzgefäß handelt. Beim Zweikreissystem sollte der Wasserstand im Brunnenkreislauf immer auf „Maximum" eingestellt sein. Die Hydrokulturpflanzen im zweiten Kreislauf gießt man dagegen erst, wenn der Anzeiger ganz auf „Minimum" abgesunken ist. Dann wird Wasser bis zur Markierung „Optimum" aufgefüllt. Die Pflanzen dürfen keinesfalls ständig im höchsten Wasserstand stehen, da sonst die Sauerstoffversorgung der Wurzeln nicht ausreichend ist. Lediglich während eines Urlaubs oder einer längeren Abwesenheit ist der maximale Wasserstand richtig, um die Wasserversorgung der Pflanzen auch dann noch vollständig zu gewährleisten.
Beim Einkreissystem stellt der Wasserstand einen Kompromiß zwischen den Anforderungen der Hydrokulturpflanzen und der Brunnentechnik dar. Die Pumpe benötigt für einen störungsfreien Betrieb einen Mindestwasserstand und darf nie trockenlaufen. Der Wasserstand muß daher im Bereich „Optimum" bis „Maximum" liegen. Die Markierung „Optimum" darf im Einkreisbrunnen nicht unterschritten werden, da sonst Gefahr besteht, daß die Pumpe Schaden nimmt. Die Besonderheiten, die diese Regelung für die Pflanzen bedeutet, sind im Kapitel „Einkreissysteme" erläutert (siehe Seite 14).

Die Wahl der richtigen Pumpe

Bei fertigen Zimmerbrunnenarrangements und bei Bausätzen ist die passende Pumpe bereits enthalten. Für individuelle Lösungen müssen Pumpe und Zubehör selbst zusammengestellt werden. Der Betrieb der Zimmerbrunnen erfolgt mit Unterwasserpumpen, sogenannten Kreiselpumpen. Das Prinzip der Kreiselpumpen beruht auf einem sich drehenden Laufrad, das Wasser in stetem Fluß über eine Leitung zur Austrittsöffnung befördert. Das umgewälzte Wasser wird über einen Filter angesaugt. Der Ansaugstutzen muß sich

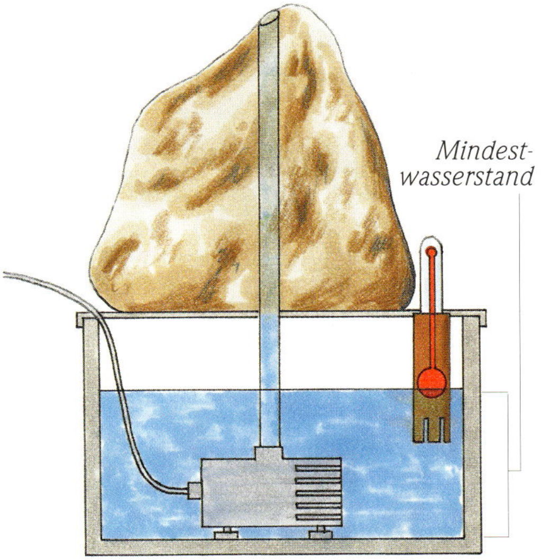

Damit die Pumpe störungsfrei läuft, muß der Wasserstand stimmen

während des Betriebes der Pumpe unter Wasser befinden. Saugt die Pumpe über einen längeren Zeitraum Luft an, geht sie kaputt. Deshalb darf der je nach Gerät vorgeschriebene Mindestwasserstand nicht unterschritten werden (siehe Abb. oben).

Bei Auswahl und Inbetriebnahme der Pumpe für ihren Zimmerbrunnen ist folgendes zu beachten:

- Die Pumpe muß für den Einsatz direkt im Wasser zugelassen sein. Man spricht von Tauch- oder Unterwasserpumpen.
- Die Geräte sollten das VDE-Zeichen, das gültige TÜV-Zeichen oder das GS-Zeichen aufweisen.
- Verwenden Sie nur Schutzkontakt-Steckdosen.
- Die Pumpe sollte einen dreipoligen Kabelanschluß mit Eurostecker haben.
- Zimmerbrunnen nur mit FI-Schutzschalter betreiben. Bei Fragen wenden Sie sich an Ihren Elektriker.
- Achten Sie bei Inbetriebnahme auf alle in der Bedienungsanleitung angegebenen Sicherheitsvorschriften.
- Vor jedem Eingriff am Zimmerbrunnen muß die Stromzufuhr unbedingt abgeschaltet werden.
- Die Pumpe darf nicht betrieben werden, wenn Kabel oder Gehäuse defekt sind.
- Die Pumpe sollte einen Regler für die Feineinstellung der Förderhöhe haben.
- Wählen Sie eine Pumpe mit geringem Laufgeräusch.
- Wählen Sie die passende Pumpe für die erforderliche Förderhöhe, eine zu starke Pumpe bedeutet ein lauteres Pumpengeräusch und unnötigen Stromverbrauch.
- Vorteilhaft können Saugfüße zur Befestigung in der Brunnenschale sowie ein schwenkbarer Ansaugstutzen für flache Brunnenschalen sein.
- Bei der Montage muß die Wasserförderleistung individuell auf den jeweils verwendeten Stein angepaßt werden, um Spritzen oder Überlaufen zu verhindern.

Quellsteine

Der Handel hält ein unglaublich großes Sortiment an Brunnensteinen bereit. Das macht die Auswahl dementsprechend schwer. Prinzipiell sind für die Auswahl eines geeigneten Brunnensteins der persönliche Geschmack und die spezifischen Eigenschaften des Materials von Bedeutung. Wie groß ist die wirksame Oberfläche? Ist der Stein porös, rauh, glatt oder glänzend? Welches Gewicht hat er? Wie läßt sich der Stein bearbeiten?

Lava- und Tuffgestein, beide vulkanischen Ursprungs, werden am häufigsten benutzt. Schon die Farben der Materialien bieten Abwechslung. So ist Lava in braunen und rötlichen Farbtönen oder in Schwarz verfügbar. Beide Gesteinsarten können sehr gut für Zimmerbrunnen verwendet werden, da sie porös sind und somit eine große Oberfläche bilden. Sie geben als Quellstein viel Wasser an die Luft ab und tragen erheblich zur Erhöhung der Luftfeuchtigkeit im Raum bei. Schließlich sind Lava- und Tuffsteine leicht erhältlich, folglich preiswert, und die Bearbeitung ist ebenfalls gut möglich. Damit bieten sie sich auch für die Selbermacher unter den Brunnenliebhabern an. Auch Travertin kann viel Wasser verdunsten. Dieses poröse, krustige Gestein entsteht durch Ablagerungen aus kalkreichen Quellgewässern. Sandstein besteht aus natürlich verkitteten Sandkörnern. Er läßt sich sehr gut bearbeiten und hat ebenfalls eine poröse Oberfläche.

Steine wie Granit und Schiefer kommen seltener als Brunnensteine zum Einsatz, können aber wegen ihrer dunklen oder schwarzen Farbe für die Innenraumgestaltung interessant sein. Auch Quarz, Jade, Onyx, Marmor oder Rosenquarz finden für bestimmte Anwendungsbereiche ihre Liebhaber. Gerne verwendet werden die sogenannten „Regenbogensteine“, die verschiedene Farbabstufungen aufweisen und damit einen „Regenbogen“ bilden. Verschiedene Natursteine und Flußkiesel vervollständigen das Sortiment.

Alle Zimmerbrunnen mit Quellsteinen verdunsten reichlich Feuchtigkeit. Je größer aber die Wasserfläche ist, um so mehr Wasser kann ein Brunnen an die Raumluft abgeben. Die Oberflächenbeschaffenheit des Quellsteins bestimmt die wirksame Wasserfläche. Poröse Materialien haben eine große Oberfläche und ermöglichen damit eine größere Wasserverdunstung als beispielsweise glatte oder hochglanzpolierte Steine.

Ist die Wahl auf eine bestimmte Gesteinsart gefallen, muß noch die richtige Form gefunden werden. Die meisten Steine verbleiben in einer relativ natürlichen, leicht auf die Anforderungen des Zimmerbrunnens angepaßten Form. Sie sind meist etwas bauchig, so daß das Wasser am Stein harmonisch herablaufen kann. Daneben gibt es einige Sonderformen, die speziell für Brunnen gestaltet werden. Für diese steht die Natur Modell, der Brunnenbauer ahmt nach, was er in ihr findet: Kaskaden, Grotten, Pyramiden.

Wasserspiele

Von manch einem werden sie als Kitsch bezeichnet, von anderen heiß geliebt – die Wasserspiele. Die Phantasie der Brunnengestalter kennt scheinbar keine Grenzen, denn auch bei den Wasserspielen sind die angebotenen Möglichkeiten kaum mehr überschaubar.

Standard-Quellsteinsortiment

Quellsteine gibt es auch in ungewöhnlichen Formen: Kaskaden, Pyramiden, Grotten

Bei einem Kupferbrunnen plätschert das Wasser von Schale zu Schale

Am populärsten sind zweifellos die „drehenden Kugeln“, die durch ihre Originalität begeistern. Auf einem speziell geformten Sockel dreht sich, vom Wasserdruck angetrieben, eine Kugel. Diese Kugelbrunnen sind zugleich Blickfang und Gestaltungselement in der Innenraumdekoration. Die drehenden Kugeln sind meist aus Kunststoff, seltener aus poliertem Marmor, Steinen oder Glas. Manchmal ist der Sockel in ein Lava-, Tuff- oder Regenbogengestein eingebettet, die Kugel dreht sich dann in einer Mulde. Damit läßt sich die Wirkung der Kugelbrunnen als Luftbefeuchter erhöhen.
Kugeln als Zentrum des Zimmerbrunnens finden sich auch bei anderen Modellen. Effekte mit Licht erzeugen beleuchtete Glaskugeln, bei denen farbiges Glas in verschiedenen Nuancen schimmert. Keramikkugeln in unterschiedlichen Größen, Farben und Marmorierungen bilden dagegen eine eher klassische Variante.
Für Liebhaber von rustikalem Kupfer bietet der Handel verschiedene Kupferbrunnen an. Am gebräuchlichsten sind Kaskaden, bei denen das Wasser über mehrere Stufen hinweg in das Brunnengefäß zurückläuft. Das Wasser plätschert von Schale zu Schale, die nach Belieben geformt und angeordnet sein können. Zahlreiche Stufen erweisen sich als vorteilhaft, da auf einem langen Weg viel Feuchtigkeit verdunstet wird (siehe Abb. r.o.).
Freunden gerader Linien und moderner Einrichtung kommen sogenannte Sprudelsäulen entgegen. Verschieden hohe Säulen aus Acrylglas werden mit Wasser gefüllt und einzeln aufgestellt oder in Hydrokulturgefäße integriert. Im Wasser aufsteigende Luftbläschen, durch einen Sprudler erzeugt, sind der besondere Effekt dieser interessanten Dekorationsidee. Die klaren Linien der Säulen, kombiniert mit perlendem Wasser, beruhigen und beleben zugleich. Die Säulen werden in unterschiedlichen Größen und Durchmessern angeboten. Mit integrierter Beleuchtung, je nach Wunsch in verschiedenen Farben, lassen sich interessante Wirkungen erzielen. Sie setzen Akzente in modernen Räumen und eignen sich vor allem für größere Anlagen oder als Blickfang in Schaufenstern, Restaurants und Hotels.
Schließlich finden Wasserspiele aus Wurzeln und Bambus sowie Skulpturen aus Stahl, Stein, Acryl, Keramik oder Porzellan Verwendung. Ganz verspielt gibt sich der „Brunnen mit Tier“: Elefanten, Seehunde und Schildkröten aus Stein oder Keramik erobern in den letzten Jahren die Herzen der Brunnenliebhaber.

Brunnen für Selbermacher

Der Trend zum Selbermachen wächst rasant, denn das Gestalten mit Pflanzen und Wasser ist ein angenehmes Hobby. Zum einen kann der geschickte Bastler bei bewußtem Einkauf und bei Verwendung eigener Pflanzen, Gefäße oder selbst gesammelter Steine Geld sparen. Zum anderen ermöglicht der Eigenbau individuelle Lösungen, die Kreativität und Fingerspitzengefühl erfordern. Einzigartige Brunnenlandschaften oder im Freundeskreis bewunderte Unikate sind die Mühe wert.

Einbausätze

Einbausätze ermöglichen den Selbstbau und enthalten alle notwendigen Teile für einen Brunnen. Sogenannte Komplettsets sind anschlußfertige Einsätze mit allen erforderlichen Bestandteilen, betriebsfertig zusammengestellt und mit Informationen versehen (siehe Abb. l.u.). Sie weisen einen separaten Brunnenkreislauf auf, das fertig bepflanzte Brunnenarrangement ist also ein Zweikreissystem. Die Komplettsets werden nur noch in ein passendes Pflanzgefäß gestellt und an die Steckdose angeschlossen.

Um mehr Abwechslung und individuelle Lösungen zu ermöglichen, bieten einige Hersteller inzwischen die einzelnen Teile im Baukastensystem an. Ein umfassendes Do-it-yourself-Programm steht zur Verfügung, aus dem der Kunde nach individuellem Geschmack und Bedarf wählen kann. Dabei sind verschiedene Steinarten und -größen im Angebot, der Zimmerbrunnen kann mit Licht versehen oder mit Dekosteinen dekoriert werden.

Die folgenden Bestandteile sind für den Brunnenbau unbedingt nötig:

- Unterwasserpumpe
- Quellstein mit Bohrung
- Steigrohr oder Schlauch

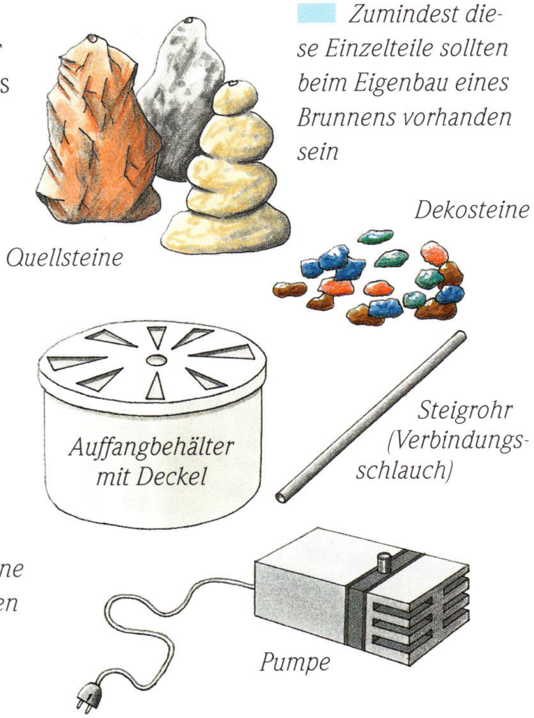

Zumindest diese Einzelteile sollten beim Eigenbau eines Brunnens vorhanden sein

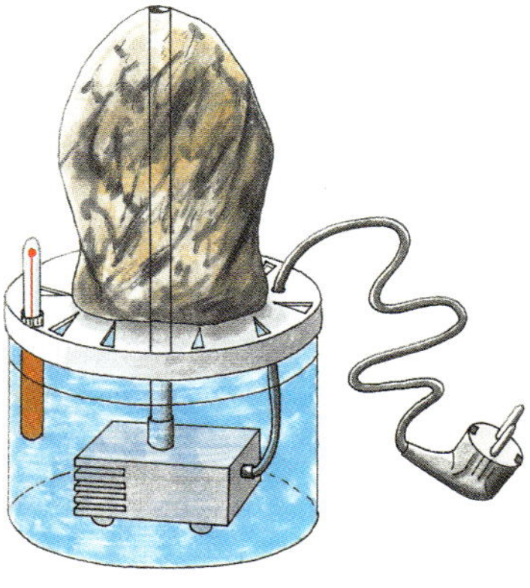

Komplettsets brauchen nur noch in eine passende Brunnenschale gestellt und an den Strom angeschlossen zu werden

- Wasserauffangbehälter, auch als Brunnentopf mit Deckel bezeichnet; nur beim Zweikreissystem erforderlich
- Je nach gewähltem System ein oder zwei Wasserstandsanzeiger

Darüber hinaus können nach Belieben folgende Elemente verwendet werden:

- Halogen-Unterwasserleuchte mit Trafo für Lichteffekte
- Sprudler, auch Durchlüfter genannt, zur Erzeugung von Luftblasen in Sprudelsäulen oder selbstgebauten Teichen
- Dekosteine, nur zur Dekoration oder als Abdeckung des Auffangbehälters

Beim Einbau des Brunnens, ob als Komplettset oder selbst aus Einzelteilen zusammengestellt, muß einiges beachtet werden:

- Der Wasserauffangbehälter sollte waagrecht in der Pflanzschale stehen, Blähtonkugeln unter dem Brunnentopf müssen entfernt werden.
- Die Pumpenleistung muß auf die Steinhöhe abgestimmt werden. Die Förderhöhe wird bei der Montage individuell auf den verwendeten Stein eingestellt. Mit einem Schieber oder Regler können Sie die Wasserdurchflußmenge der Pumpe regulieren! Auf diese Weise wird ein Spritzen oder Überlaufen des Wassers aus dem Brunnenkreislauf vermieden.
- Vor Inbetriebnahme muß ausreichend Wasser, bis zur Markierung „Maximum" des Wasserstandsanzeigers, in den Wasserauffangbehälter eingefüllt werden.
- Um Staubrückstände und Abrieb vom Transport zu beseitigen, sollte der Brunnenstein vor dem Einbau unter fließendem Wasser abgespült werden.
- Die Oberseite des Wasserauffangbehälters (der gelochte Deckel des Brunnentopfes) sollte nach Möglichkeit mit Kieseln, Dekosteinen oder gewaschenen Steinen abgedeckt werden. Damit wird eine Verschmutzung der Pumpe verhindert.

Der Brunnenbau in Einzelschritten

Obwohl die Einzelschritte je nach gewähltem Brunnensystem verschieden sein können, ist eine grundsätzliche Vorgehensweise beim Brunnenbau zu empfehlen. Je nach System und Besonderheit individueller Lösungen können leichte Änderungen im Ablauf erforderlich werden.

1. Wahl des Brunnensystems: Einkreissystem oder Zweikreissystem?
2. Wahl des Quellsteins oder Wasserspiels.
3. Je nach erforderlicher Förderleistung: Auswahl der geeigneten Pumpe.
4. Anpassung des Steigrohrs beziehungsweise Schlauches.
5. Bei Zweikreissystemen Auswahl eines ausreichend großen Wasserauffangbehälters.
6. Entscheidung für die passende Brunnenschale. Zu berücksichtigen:

- Wieviel Platz beansprucht das Brunnensystem?
- Wie viele Pflanzen soll die Schale aufnehmen?
- Stimmen die Proportionen zwischen Brunnenschale, Quellstein und Pflanzen?
- Stimmt die Höhe der Brunnenschale mit dem Wasserauffangbehälter überein?
- Passen Quellstein und Brunnenschale in Farbe und Material zusammen?

7. Pflanzenauswahl. Dabei ist zu beachten:

- Einkreissystem oder Zweikreissystem?
- Licht und Temperatur am Standort des Zimmerbrunnens
- Gewünschte Pflanzenhöhe, Harmonie mit Brunnenschale und Quellstein

8. In die Brunnenschale wird nun der Brunnen mit Quellstein eingestellt. Falls die Bestandteile noch nicht zusammengefügt sind, erfolgt nun der Zusammenbau:

- Die Pumpe wird mit dem Steigrohr verbunden, das durch die Öffnung im Brunnendeckel geschoben wird.
- Anschließend befestigt man am Deckel einen Wasserstandsanzeiger.
- Das Stromkabel muß aus dem Brunnentopf herausgeleitet werden.
- Dann stellt man Pumpe und Aufbau in den Auffangbehälter und schließt den Deckel.
- Nun wird der Brunnenstein aufgesetzt, das Steigrohr schließt oben mit der Bohrung des Quellsteins ab.
- Beim Einkreissystem fällt der Auffangbehälter natürlich weg, Pumpe und Brunnenstein werden direkt in die Schale eingestellt.

Brunnenbestandteile

9. Die Pflanzen werden um den Brunnentopf gruppiert und beim Zweikreissystem mit einem zweiten Wasserstandsanzeiger versehen.
10. Um Brunnentopf und Pflanzen herum wird Blähton aufgefüllt. Achtung: Anschlußkabel nicht im Blähton vergraben!
11. Der Brunnendeckel wird mit gewaschenem Blähton oder Kieseln abgedeckt.
12. Ausreichend Wasser auffüllen. Dabei Brunnensystem berücksichtigen.
13. Brunnen an die Steckdose anschließen.

Umpflanzen, Nachpflanzen, Rückschnitt

Erde als Substrat verliert im Laufe der Zeit die Struktur, sie sackt zusammen und kann versauern. Das passiert nicht, wenn für den Brunnen Hydropflanzen in Blähton gewählt werden. Blähton ist form- und strukturstabil, er versauert nicht und fällt auch nicht zusammen. Damit ist die ideale Luft- und Wasserversorgung der Pflanzenwurzeln auch noch nach Jahren gewährleistet. Umtopfen ist daher eigentlich überflüssig. Dennoch ist es manchmal nötig, Pflanzen aus dem Brunnenarrangement zu entfernen oder sämtliche Pflanzen umzutopfen.
Man sollte umtopfen,

- wenn die Größenrelation zwischen Pflanzen und Quellstein nicht mehr stimmt,
- wenn das Pflanzenwachstum sehr stark war, so daß das ganze Brunnenarrangement kopflastig wird und keinen guten Stand mehr hat,
- wenn der Wasserverbrauch der Pflanzen soweit ansteigt, daß der Wasservorrat zu gering wird.

Es kann also nötig werden, Pflanzen aus dem Brunnenarrangement zu entfernen

oder sämtliche Pflanzen umzutopfen. In der Regel entfernt man nur zu groß gewordene Pflanzen aus der Brunnenschale und ersetzt sie durch kleinere. Dazu nimmt man am besten alle Pflanzen aus dem Arrangement, tauscht unförmig gewordene Pflanzen aus und schneidet Beipflanzen und Bodendecker zurück. Im selben Arbeitsgang reinigt man Pumpe und Filter, gruppiert Pflanzen und Brunnen neu und füllt mit Blähton auf. Gebrauchten Blähton kann man übrigens bedenkenlos wiederverwenden, dazu spült man ihn lediglich mit klarem Wasser durch. In einem passenden Übertopf kommen die vereinzelten Hydropflanzen anschließend wieder gut zur Geltung.
Anders sieht es aus, wenn Pflanzen und Brunnen nach wie vor in Wuchs und Größe harmonieren, die Brunnenschale aber zu klein erscheint. Eine zu kleine Brunnenschale macht sich vor allem durch einen zu geringen Wasservorrat im Pflanzenkreislauf bemerkbar. Je kleiner ein Pflanzgefäß im Verhältnis zur Pflanzengröße ist, um so geringer ist der Wasservorrat. Das kann im Extremfall dazu führen, daß der Hauptvorteil der Hydrokultur, das seltene Gießen, nicht mehr zum Tragen kommt. Eine größere Brunnenschale sorgt hier für den entsprechend größeren Vorrat. Ist die Pflanzung sehr verwurzelt, setzt man am besten das ganze Arrangement komplett in eine größere Einheit. Nur locker verwurzelte Pflanzen plaziert man neu, gerne mit etwas Abstand. Der entstandene Freiraum wird mit Blähton aufgefüllt, die Pflanzen haben wieder genügend Platz, und die Wasserversorgung ist leichter möglich.
Jedes Vereinzeln oder Umtopfen bedeutet jedoch eine Störung der Pflanzen und erfordert gewisse Verhaltensregeln. Das Umpflanzen erfolgt in der Hauptwachstumszeit, im Frühjahr oder zeitigen Sommer. Niemals sollte im Herbst oder Winter umgetopft werden. Auch kranke oder schwächliche Pflanzen vereinzelt man nicht, da dies eine zusätzliche Belastung darstellen würde. Die einzige Ausnahme stellt Kümmerwuchs dar, der ganz offensichtlich auf Platznot im Brunnenarrangement zurückgeführt werden kann. In diesem Fall ist ein Umtopfen der betroffenen Pflanzen ratsam.
Auch für den Rückschnitt gilt, daß er in der Hauptwachstumszeit erfolgen sollte. In der lichtarmen Jahreszeit fehlt der Pflanze die nötige Energie für einen Neuaustrieb. Im Frühjahr und Sommer mobilisiert sie hingegen all ihre Kräfte für das Wachstum.
Ziel des Rückschnittes ist es, schlafende Knospen zum Austreiben zu bringen. Durch den Rückschnitt, auch Stutzen genannt, verzweigt sich die Pflanze und wächst buschiger. Gleichzeitig wird ein übermäßiges Längenwachstum eingedämmt. Beim Brunnenarrangement ist besonders auch das Einkürzen der Bodendecker von Bedeutung, da diese in kürzester Zeit den gesamten Quellstein überwuchern können. Hier hat ein häufiger Rückschnitt zwei Funktionen, nämlich den Ranker in die gewünschte Form zu bringen und gleichzeitig den Brunnen freizuschneiden. Seien Sie daher nicht zu zaghaft mit dem Stutzen! Durch zeitigen und beherzten Rückschnitt gewinnt das Pflanzenarrangement, und der Brunnen kommt besser zur Geltung.

Spezielle Brunneneinsätze

Das Brunnensystem kann aber auch anders als bisher beschrieben aufgebaut sein. Besonders bei preiswerten Fertigarrangements finden manchmal spezielle Einsätze Verwendung. Diese Kunststoffeinsätze haben eine besondere Formgebung, die Pumpe und Wasserstandsanzeiger aufnimmt und gleichzeitig eine Aussparung für die Pflanzen aufweist. Diese Aussparung bildet quasi ein kleines separates Pflanzbecken. Die Pumpe wird direkt aus dem großen Wasservorrat der Brunnenschale gespeist, der Brunnenkreislauf ist also sauber von der Wasserversorgung der Pflanzen getrennt.
Die Vorteile dieser Einsätze liegen auf der Hand. Sie bieten alle Vorzüge der Zweikreissysteme und lassen sich darüber hinaus beim Produzenten rasch und problemlos bepflanzen. Das spart Arbeitszeit bei der Herstellung und ermöglicht eine kostengünstige Fertigung. Als weiterer Pluspunkt ist der problemlose Versand zu nennen, da das Innengefäß nicht verrutschen kann.
Auch für Einkreissysteme wurden inzwischen spezielle Einsätze entwickelt. Sie ähneln einem Kulturtopf für Hydrokultur, nehmen die Pflanzen auf und fixieren sie in einer bestimmten Höhe. Diese Einsätze stellt man komplett mit Pflanzen, Pumpe und Wasserstandsanzeiger in die Brunnenschale. Pflanzen und Pumpe werden aus demselben Wasserreservoir gespeist. Das System unterscheidet sich jedoch wesentlich von den herkömmlichen Einkreissystemen. Der Wasserstand kann auf „Maximum" eingestellt werden, so daß immer eine optimale Wasserversorgung der Pumpe gewährleistet ist. Gleichzeitig bleibt die Bepflanzung auf einem höheren Niveau fixiert, die Pflanzenwurzeln sind damit nur einem niedrigen, für sie besser verträglichen Wasserstand ausgesetzt. Die in den Einsatz eingepflanzten Hydropflanzen haben daher bessere Lebensbedingungen als in den üblichen Einkreissystemen. Damit stellt der Einsatz zwar eine preiswerte Lösung dar, die lange haltbare Pflanzen gewährleistet. Der Nachteil der stärkeren Verschmutzung von Pumpe, Filter und Quellstein bleibt jedoch auch hier nach wie vor bestehen.

Pflege und Wartung der Zimmerbrunnen

Dreht sich die Kugel nicht mehr, kann dies verschiedene Ursachen haben

Wer ungetrübte Freude mit Zimmerbrunnen haben will, muß einige Grundregeln beachten und Wert auf die richtige Pflege und Wartung der Brunnentechnik legen. Trotz guter Ratschläge kann es bei technischen Geräten zu Fehlern oder Versäumnissen kommen. Die folgenden Checklisten sollen daher bei der Fehlersuche und -beseitigung helfen.

Wenn der Brunnen nicht läuft

Funktioniert der Brunnen nicht, ist die Ursache mit etwas Know-how meist schnell gefunden, und der Fehler läßt sich einfach beseitigen. Dabei können auch banale Fehler eine große Wirkung haben, wie die folgende Checkliste zeigt:

- Ist der Brunnen an die Steckdose angeschlossen?
- Steht die Zeitschaltuhr auf „Betrieb"?
- Befindet sich ausreichend Wasser im Brunnenkreislauf?
- Wurde die Feineinstellung der Pumpe an die Steingröße angepaßt?
- Stimmt die Förderleistung der Pumpe mit der benötigten Förderhöhe überein?
- Sitzt der Verbindungsschlauch beziehungsweise das Steigrohr auf dem Anschlußstutzen der Pumpe?
- Ist der Verbindungsschlauch eventuell geknickt?
- Ist der Verbindungsschlauch beziehungsweise das Steigrohr mit Blähton verstopft?
- Verstopft Blähton oder ein Dekostein die Bohrung des Steins?
- Ist der Filter der Pumpe verschmutzt?
- Ist der Rotor der Pumpe durch Schmutz verklemmt?
- Verhindern Kalkablagerungen im Pumpeninneren das Laufen der Pumpe?
- Liegt der Ansaugstutzen der Pumpe über dem Wasserspiegel?
- Lief die Pumpe trocken?
- Wurde die Pumpe nach der Reinigung richtig zusammengesetzt?

Wenn sich die Kugel nicht mehr dreht:

- Ist die Kugel sauber und fettfrei?

Abhilfe: Unter fließendem Wasser reinigen.

- Wurde die Kugel mit bloßen Händen angefaßt? Schon Hautfett genügt, um den Wasserfilm zu unterbrechen, die Kugel bleibt stehen.

Abhilfe: Ausschließlich in den Brunnenkreislauf einen Spritzer Spülmittel geben.

- Wurde die drehende Kugel immer mit destilliertem Wasser betrieben? Schon geringe, kaum sichtbare Kalkablagerungen können die Funktion beeinträchtigen.
Abhilfe: Kalkablagerungen entfernen, anschließend nur noch destilliertes Wasser verwenden.
- Befindet sich bremsender Schmutz auf der Basis, in er sich die Kugel dreht?
Abhilfe: Basis beziehungsweise Kugel reinigen.
- Ist die Förderleistung der Pumpe am Regler richtig eingestellt? Eventuell reicht die eingestellte Förderleistung nicht aus, um die Kugel zu drehen.
Abhilfe: Förderleistung korrekt einstellen.
- Steht der Brunnen waagrecht? Mit der Wasserwaage überprüfen.
Abhilfe: Brunnen mit Hilfe einer Wasserwaage gerade stellen.

All diese Fehler können leicht selber beseitigt werden. Lediglich eine trockengelaufene Pumpe erfordert unbedingt einen Fachmann. In diesem Fall muß die Pumpe zur Reparatur in einen Fachbetrieb gegeben oder an den Hersteller eingesandt werden. Achten Sie daher darauf, daß ständig genug Wasser im Brunnenkreislauf ist, andernfalls läuft die Pumpe womöglich trocken und geht kaputt.

Warnung
Vor allen Eingriffen am Brunnen Stromzufuhr abschalten! Brunnen nicht betreiben, wenn Kabel oder Pumpengehäuse defekt sind. Bedienungsanleitung der Zimmerbrunnen genau befolgen.

Pumpen und ihre Wartung

Jedes technische Gerät braucht Pflege, auch ist ein Mindestmaß an Wartung erforderlich, damit ein störungsfreier Betrieb gewährleistet ist.
Der Filter schützt den empfindlichen Teil der Pumpe vor Verschmutzung. Steinchen und andere kleine Partikel werden abgefangen und sammeln sich im Filterschwamm. Ist dieser zugesetzt, kann die Pumpe nur schwer genügend Wasser ansaugen, die Leistung läßt nach. Spätestens bei nachlassender Pumpenleistung muß der Filterschwamm gereinigt werden. Auch lauter werdende Pumpengeräusche können die erforderliche Wartung der Pumpe ankündigen. Soweit muß man es allerdings nicht kommen lassen. Eine regelmäßige Reinigung des Filters ist daher für einen störungsfreien Betrieb empfehlenswert.
Dazu baut man die Pumpe aus dem Zimmerbrunnen aus, entnimmt den Filterschwamm nach Gebrauchsanweisung und wäscht ihn, am besten unter fließendem Wasser. Ablagerungen, festsitzende Schmutzpartikel oder Düngerteilchen werden dabei schonend entfernt. Auch das Pumpengehäuse kann unter fließendem Wasser abgespült werden (siehe Abb. Seite 33).
Bei stärkerer Verschmutzung wird möglicherweise die Säuberung der Pumpenkammer selbst erforderlich. Das ist allerdings nur dann nötig, wenn die Pumpe nicht mehr funktioniert oder die Leistung auch nach dem Auswaschen des Filterschwammes nicht optimal ist. Die Reinigung der Pumpenkammer erfordert einen Blick in die Gebrauchsanweisung der Pumpe, denn je nach Bauart läßt sich das Gehäuse unterschiedlich öffnen, und auch das Innenleben variiert. In der Regel ist die Pumpe jedoch leicht zu öffnen. Am

besten öffnen Sie die Pumpe das erste Mal über einer kleinen Schüssel, damit keine Kleinteile verlorengehen.
Die Pumpenkammer enthält einen Magnetläufer, der sich auf einer Achse dreht und in einem kleinen Rotor endet. Läßt sich der Rotor nicht mehr leicht auf der Achse drehen, kann er durch Steinteilchen, Haare oder Kalkablagerungen blockiert sein. Dann zieht man den Magnetläufer vorsichtig aus dem Gehäuse und spült ihn unter fließendem Wasser ab. Keinesfalls darf er mechanisch gereinigt oder abgebürstet werden. Zur Entfernung von Kalkablagerungen weicht man die Teile über Nacht in Essigwasser ein. Anschließend müssen sie gut in klarem Wasser abgespült werden, damit kein Essig in den Zimmerbrunnen gelangen kann.
Nach dieser Reinigung schiebt man den Magnetläufer vorsichtig wieder auf die Achse, setzt den Filterschwamm ein, baut die Pumpe sorgsam zusammen und schließt das Gehäuse. Vor dem endgültigen Einbau in den Brunnen sollte man sich allerdings durch einen Probelauf in ausreichend tiefem Wasser von der einwandfreien Funktion der Pumpe überzeugen.

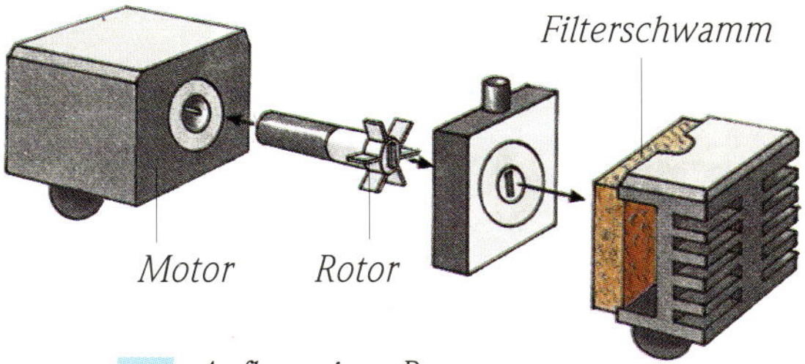

Aufbau einer Pumpe: Damit ein störungsfreier Betrieb gewährleistet ist, muß die Pumpe von Zeit zu Zeit gewartet werden. Hierzu sollte man die wichtigsten der hier schematisch dargestellten Bestandteile kennen

Pumpenwartung auf einen Blick

- Netzstecker herausziehen
- Pumpe ausbauen beziehungsweise aus dem Wasser nehmen
- Gehäuse nach Gebrauchsanweisung öffnen
- Filterschwamm entnehmen
- Filterschwamm unter fließendem Wasser ausspülen
- Bei Leistungsabfall trotz gereinigtem Filterschwamm oder Blockade des Rotors vorsichtige Reinigung der Pumpenkammer
- Pumpengehäuse durchspülen
- Pumpe sorgfältig zusammensetzen
- Probelauf in einem Gefäß mit ausreichend Wasser
- Einbau der Pumpe in den Zimmerbrunnen

Saubere Brunnensteine

Der Verschmutzungsgrad der Steine wird erheblich vom jeweiligen Brunnensystem beeinflußt. Da nicht jeder Algen und Moose interessant findet und ihre Entstehung als natürlichen Vorgang akzeptiert, sollte man das Brunnensystem auch unter diesem Gesichtspunkt auswählen.
Wer Algen auf Brunnensteinen vermeiden will, sollte sich für ein Zweikreissystem entscheiden. Der Brunnenkreislauf ist von den Pflanzen getrennt, und die Pumpe läßt sich mit anderem Wasser versorgen als die Pflanzen. Das bedeutet, daß der Brunnen sogar mit destilliertem Wasser betrieben werden kann, das keinerlei Nährstoffe und Kalk enthält. Durch die Verwendung von destilliertem Wasser

schließt man Kalkablagerungen auf dem Stein oder dem Wasserspiel aus, Algen- und Moosbewuchs sind aufgrund fehlender Nährstoffe nicht möglich. Auch aufbereitetes, entkalktes Wasser, wie es mit Enthärtungsanlagen, Filterkartuschen oder Filtergießkannen erzielt wird, verhindert Kalkablagerungen und schränkt das Algenwachstum ein.
Drehende Kugeln sollte man ausschließlich mit entkalktem oder destilliertem Wasser betreiben, da schon geringe Ablagerungen ihre Funktion beeinträchtigen.
Will man Leitungswasser für den Brunnen benutzen, treten bei hartem Wasser immer Kalkablagerungen auf. Auch bei weichem Wasser kann man diese nicht ganz verhindern. Da Leitungswasser geringe Nährstoffmengen enthält, können sich auf Brunnen oder Wasserspiel Algen ansiedeln. Diesen Algen- und Moosbewuchs kann man erheblich eindämmen, wenn man den Brunnenstein in regelmäßigen Abständen völlig austrocknen läßt. Nach ein paar Tagen nimmt man den Zimmerbrunnen dann wieder in Betrieb; Algen und Moose können sich so kaum halten.

Harmonische Brunnengestaltung

Ganz anders sieht das beim Einkreissystem aus. Bei diesen Brunnen ist Algenwuchs nicht zu verhindern. Der Brunnen muß ständig betrieben werden, um das umlaufende Wasser bestmöglich mit Sauerstoff anzureichern. In dem nährstoffreichen Wasser des Einkreisbrunnens finden Algen optimale Lebensbedingungen. Sie bilden einen braunen oder grünen, glitschigen Belag, auf dem sich sogar Moose ansiedeln können. Auch bei sparsamer Düngung finden die Algen ausreichend Nährstoffe. Es hat daher keinen Sinn, die Pflanzen hungern zu lassen, um Algenwachstum auszuschließen.
Als biologisches Mittel gegen Algenwuchs wird „Zeolith“ angeboten, ein Mineral, das dem Wasser bestimmte Stoffe entzieht, die das Algenwachstum fördern. „Zeolith“ entfernt jedoch auch Nährstoffe aus der Lösung, die die Pflanzen unbedingt benötigen. Daher können Mangelerscheinungen auftreten.
Daneben sind auch chemische Entalgungsmittel im Handel, die Pflanzenverträglichkeit dieser Mittel ist jedoch sehr unterschiedlich. Die meisten Brunnenliebhaber werden ihren Brunnen nicht mit Chemikalien anreichern wollen. Eine manuelle Reinigung ist daher eindeutig vorzuziehen.
Bei der mechanischen Reinigung spült man den Brunnenstein unter fließendem Wasser gut ab. Glatte Steine, Keramik oder stabile Wasserspiele können mit einer Bürste gesäubert werden. Für sehr große Steine eignet sich ein Hochdruckreiniger. Bei porösen Materialien wie Tuff

oder Travertin ist allerdings ein wenig Vorsicht geboten. Hier muß die Reinigung schonend erfolgen, um den Stein nicht zu beschädigen.
Gegen verkalkte Brunnensteine hilft das Einweichen in Essigwasser. Für empfindliche Steine ist eine Rückfrage beim Hersteller beziehungsweise die Beachtung etwaiger Hinweise in der Gebrauchsanleitung dringend zu empfehlen. Bei Einkreissystemen ist es wichtig, den Essig wieder sorgfältig auszuwaschen, da durch die Säure Pflanzenschäden möglich sind. In Zweikreissystemen darf das Milieu um den Stein herum gerne sauer bleiben, da so der Algenwuchs etwas verzögert wird. Die Verwendung von Regenwasser im Brunnen ist übrigens nicht ratsam. Zwar werden Kalkablagerungen verhindert, da das Regenwasser aber Nährstoffe enthalten kann, ist Algenwachstum möglich.

Poröse Steine dürfen nur sehr schonend gereinigt werden – andernfalls muß man mit einer Beschädigung rechnen

10 Regeln für ungetrübte Brunnenfreude

- Wählen Sie bewußt einen für die gewünschten Anforderungen passenden Zimmerbrunnen aus. Vergleichen Sie Vor- und Nachteile der verschiedenen Systeme, und wägen Sie diese nach Ihren Bedürfnissen ab.
- Suchen Sie den richtigen Standort mit ausreichend Licht und angemessener Temperatur aus.
- Kalte Füße machen Pflanzen krank. Sorgen Sie daher für eine ausreichende Wassertemperatur und vermeiden Sie kaltes Gießwasser.
- Die Pumpe darf nie trockenlaufen, daher auf ausreichende Wasserversorgung achten. Direkt nach dem Aufstellen verbraucht der Zimmerbrunnen sehr viel Wasser, rechtzeitiges Auffüllen verhindert Schäden an der Pumpe.
- Bei Zweikreisbrunnen „Brückenbildung“ zwischen Brunnenstein und Pflanzen verhindern, denn umgeleitetes Wasser führt zu einem zu hohen Wasserstand bei den Pflanzen. Wurzelschäden sind die Folge.
- Einkreisbrunnen sollten möglichst ständig in Betrieb sein, um das Wasser bestmöglich mit Sauerstoff anzureichern.
- Regelmäßiges Reinigen des Filters verhindert einen Leistungsabfall der Pumpe und beugt Ausfällen vor.
- Düngen Sie die Pflanzen mit Langzeit- oder Flüssigdüngern.
- Rechtzeitiges Erkennen von Schädlingen ermöglicht eine wirkungsvolle Bekämpfung.
- Gebrauchsanleitung der Pumpe beachten, alle angegebenen Sicherheitsvorschriften genauestens befolgen.

Gestalten mit Wasser und Pflanzen

Standortwahl und Bepflanzung müssen sorgfältig abgestimmt sein

Bepflanzte Zimmerbrunnen erfreuen sich großer Beliebtheit. Ein Stück Natur zu Hause, wer möchte das nicht? Aber die Auswahl sollte gut vorbereitet sein. Deshalb sind einige grundlegende Überlegungen schon vor dem Brunnenkauf angebracht.

Die Auswahl des geeigneten Brunnens

Wieviel Platz steht zur Verfügung? Ist der Standort hell genug für die Bepflanzung? Ist die Stromversorgung des Brunnens problemlos möglich? Soll der Brunnen als Luftbefeuchter oder vorwiegend als Blickfang dienen? Kauft man ein fertiges Arrangement, oder will man den Brunnen selber zusammenstellen?
Diese und andere Fragen tauchen auf und sollten gewissenhaft beantwortet werden. Denn gerade Standortwahl und Bepflanzung müssen sehr sorgfältig aufeinander abgestimmt sein.
Fällt auch im Winterhalbjahr ausreichend Licht auf den Brunnen? Steht der Brunnen vor Zugluft geschützt? Läßt sich der Platz bei direkter Sonne schattieren?
Der Standort hat entscheidende Bedeutung, denn Pflanzen brauchen zum Leben genügend Licht und Wärme. Soll der Brunnen an einem schattigen Standort stehen, wählt man Pflanzen mit geringen Lichtansprüchen (siehe Kapitel „Die Pflanzenauswahl"). Standorte mit zu wenig Licht, beispielsweise mitten im Raum, erfordern eine künstliche Beleuchtung. Damit läßt sich der Brunnen gleichzeitig optisch ins rechte Licht rücken. Auch ein extrem heller Standort, womöglich mit direkter Sonneneinstrahlung, bedingt eine spezielle Pflanzenauswahl. Ein kühler Platz im Wintergarten schließt die Verwendung kälteempfindlicher Pflanzen aus. Aber auch für diese Standorte finden sich die geeigneten Pflanzen.
Wieviel Zeit können und wollen Sie für Ihren Brunnen aufwenden? Zweikreissysteme haben einen geringeren Wartungsaufwand und versprechen auch dem Neuling ein Erfolgserlebnis. Die Hydropflanzen im getrennten Wasserkreislauf können bei längerer Abwesenheit für drei bis vier Wochen mit Wasser versorgt werden. Die Einkreissysteme sind dagegen eher für den Bastler individueller Brunnen geeignet und erfordern mehr Pflege und Wartung. Filter und Pumpe

müssen häufiger gereinigt werden, auch kann eine Neu- oder Nachpflanzung gelegentlich nötig sein.
Zimmerbrunnen sind in nahezu allen Preislagen erhältlich. Kleine, fertige Arrangements sind inzwischen schon für weit unter 100 DM erhältlich. Ein Preis, der Erstaunen weckt, wenn man die Preise der einzelnen Bestandteile des Brunnens kennt. Ein fertiger Zimmerbrunnen kann also durchaus preiswerter sein als die Do-it-yourself-Variante. Dennoch möchte manch ein Bastler nicht auf den Eigenbau verzichten. Zum einen sind bereits vorhandene Pflanzen oder Zubehörteile verwendbar, zum anderen macht das Selberbauen Spaß. Wer Freude am Gestalten und am Umgang mit Pflanzen hat, dem bietet die Eigenkonstruktion von Brunnen viele Möglichkeiten.
Preisgrenzen nach oben sind kaum gegeben. Spezialfirmen gestalten größere Landschaften und realisieren individuelle Brunnenträume – gleich welcher Art und Dimension. Gerade bei größeren Brunnen kann sich jedoch der Selbstbau für den versierten Brunnenfreund auszahlen.

Gestaltungsgrundsätze

Zimmerbrunnen und Pflanzen sollen eine Einheit bilden, die mit dem persönlichen Wohn- und Lebensstil harmoniert. Die Wahl der Brunnenschale, des Quellsteins oder Wasserspiels, aber auch der Bepflanzung hängt natürlich vor allem vom persönlichen Geschmack ab. Darüber hinaus gibt es jedoch einige Grundregeln für die Gestaltung, die Voraussetzung für Harmonie, Schönheit und Eleganz eines Brunnenarrangements sind.
Der Zimmerbrunnen sollte natürlich dem Stil der Wohnung entsprechen. Ein verspielter Kupferbrunnen eignet sich nicht für ein betont modernes Wohnzimmer mit Chrom und schwarzen Ledermöbeln.
Quellsteine aus poliertem Stein wirken dagegen zeitlos elegant und kommen auch bei geraden Linien und exklusiver Einrichtung in Frage.
Generell passen naturbelassene Steine wie Sandstein, Lava- und Tuffgestein gut zu Einrichtungen, in denen Naturmaterialien vorherrschen. Schiefer, Granit, Travertin oder Kiesel stehen mit vielen Materialien im Einklang und sind vielseitig einsetzbar. Bunte Quellsteine und Regenbogensteine setzen im traditionellen Blumenfenster Akzente und harmonieren gut mit schweren Holzmöbeln oder rustikalem Wohnstil. Hochglanzpolierte Steine, Halbedelsteine und drehende Kugeln erscheinen gleichzeitig modern, elegant und edel. Sie werden gerne in der modernen Raumgestaltung eingesetzt, wo gerade Formen, glatte Materialien und reine Farben

Quellstein aus Rosenquarz

gefragt sind. Passend zu modernen Einrichtungen sind auch Sprudelsäulen.
Auch ansprechende Bepflanzungen unterliegen Gesetzmäßigkeiten, die ihnen Harmonie verleihen. Welche Grundsätze sind bei Pflanzenwahl und Gruppierung in der Brunnenschale zu beachten?
Bei der Wahl der geeigneten Pflanzen ist zu berücksichtigen, daß sowohl Pflanzen als auch Quellstein oder Wasserspiel wirken sollen. Der Brunnen erhält deshalb einen zentralen Platz in der Brunnenschale. Günstig ist eine auffällige Plazierung des Quellsteins oder Wasserspiels. Daher setzt man den Brunnen in der Regel an die Vorderseite des Arrangements, wenn möglich in die Nähe des Zentrums, nicht aber in die Mitte der Brunnenschale.
Danach erfolgt die Auswahl und Gruppierung der passenden Pflanzen. Diese sollen den Brunnen begleiten, umspielen oder sogar hervorheben. Keinesfalls dürfen sie in Konkurrenz zum Brunnenstein oder Wasserspiel treten.

Eine schöne Bepflanzung besteht aus Dominante, Beipflanze und Bodendecker

Prinzipiell besteht eine schöne Bepflanzung aus drei Bereichen: der Dominanten, der Beipflanzung und dem Bodendecker (siehe Abb. l.u.). Die Dominante, auch Hauptpflanze genannt, wird hinter dem Brunnen plaziert und gibt dem Arrangement den Charakter, die Prägung. Sie sollte mit Zimmerbrunnen und Beipflanzung gleichermaßen harmonieren. Die Dominante ist die größte Pflanze im Gefäß, ihr Charakter bestimmt, welche Pflanzen man dem Arrangement weiter zugesellen kann. Die Hauptpflanze soll in der Regel aufrecht wachsen, nach oben streben.
Beim Zusammenstellen der Bepflanzung beginnt man mit der Dominanten. Beispiele für Hauptpflanzen sind *Dracaena marginata*, *Ficus benjamina*, Arekapalme oder *Schefflera*-Arten.
Die Pflanzen des mittleren Bereiches werden als Beipflanzen bezeichnet. Sie sind niedriger als die Dominante und sollen diese begleiten, nicht aber überwuchern. Bei Beipflanzen ist daher eher Fülle gefragt, das Wachstum in die Breite ist erwünscht, weniger das Höhenwachstum. Rasch wachsende Pflanzen, die im Arrangement die dominierende Rolle einnehmen, sind als Beipflanzen ungeeignet. Ferner gilt, daß auch der Quellbrunnen oder das Wasserspiel nicht in Kürze in einem Urwald aus Blättern verschwinden sollen. Langsam wachsende oder filigrane Beipflanzen sind daher vorzuziehen.
Der Bodendecker hat die Aufgabe, eine Einheit aus Brunnengefäß, Bepflanzung und Brunnen zu schaffen. Er rankt über den Blähton, überwächst den Rand der Brunnenschale und kann beim Verdecken etwaiger Innentöpfe oder der Brunnentechnik helfen. Der Bodendecker ist eine hängende oder rankende Pflanze, die im unteren Teil des Pflanzenarrangements einen grünen Teppich bildet. Wenn Bodendecker über den Gefäßrand hinab-

wachsen, bilden sie gleichzeitig einen weichen Übergang zum Standort des Zimmerbrunnens. So wird eine Einheit gebildet, eine grüne Insel, die eine angenehme Atmosphäre schafft.
Rasch wachsende Bodendecker können schnell vom Quellstein Besitz ergreifen und mit ihren Haftwurzeln an ihm emporklimmen. Beim Zweikreissystem führt das rasch zur gefürchteten „Brückenbildung" (siehe Kapitel „Aufbau und Bestandteile des Zimmerbrunnens") und muß daher durch rechtzeitigen Rückschnitt verhindert werden. Typische Bodendecker sind *Epipremnum pinnatum*, *Ficus pumila* oder *Hoya carnosa*. Langsam wachsende Bodendecker sind pflegeleichter als rasch wachsende Arten, die einen häufigeren Rückschnitt erfordern.

Pflanzung und Harmonie

Bei der Pflanzenauswahl ist die Versuchung groß, viele verschiedene Pflanzen zusammenzusetzen. Der Pflanzenliebhaber wünscht sich Artenvielfalt und gruppiert zahlreiche Pflanzen um den Brunnen. Hier ist jedoch Vorsicht geboten! Machen Sie nicht den Fehler, zu viele Arten in kunterbunter Mischung zusammenzustellen. Wählen Sie lieber weniger, dafür aber mit einem Blick für das Wesentliche.
Gerade bei der Gestaltung von Brunnenarrangements liegt die Kunst in der Beschränkung. Ein filigranes Stämmchen der rotblättrigen *Dracaena marginata*, dazu vielleicht ein Kopf der gleichen Art, als Ranker die langsam wachsende *Hoya carnosa* mit rötlichem Hauch im Blatt: Pflanzenarten, die sich wiederholen – Hauptpflanzen, die ihre Fortsetzung in einer verwandten Beipflanzung finden –, Farbnuancen, die sich in verschiedenen Arten ergänzen. Manchmal ist es auch angebracht, sich auf Hauptpflanze und Bodendecker zu beschränken und auf die Beipflanzen des mittleren Bereichs ganz zu verzichten.
Oft erscheinen Bepflanzungen aus weniger Pflanzen ruhiger und harmonischer als ein bunter „Mischmasch" aus zahlreichen Arten. Positiv wirkt die Wiederholung gleicher oder verwandter Pflanzenarten im selben Gefäß. Die mehrmalige Verwendung der gleichen Pflanzenart, zum Beispiel in Tuffs, macht ein Arrangement ruhiger und gleichzeitig eindrucksvoller, auch die Haltbarkeit verbessert sich.
Die Grundlage jeder ansprechenden Bepflanzung bietet somit die Auswahl aufeinander abgestimmter Pflanzen. Damit

Dracaena marginata wird immer wieder gerne als Hauptpflanze in einem Brunnenarrangement verwendet

der Brunnen möglichst lange gut wirkt, sollte jedoch schon bei der Zusammenstellung der Pflanzen das zukünftige Wachstum berücksichtigt werden.

Der Natur abgeschaut

Die Natur bietet zahlreiche Beispiele für die harmonische Wirkung von Pflanzen und Wasser. Bei der Gestaltung des eigenen Zimmerbrunnens versucht man diesem Ideal nahezukommen. Was jedoch macht die Harmonie dieser Lebensgemeinschaft aus?
Eine geeignete und haltbare Lebensgemeinschaft zeichnet sich durch gleiche Standortansprüche aus. Pflanzen, die wir für unser Brunnenarrangement auswählen, müssen vor allem übereinstimmende Licht- und Wärmeansprüche aufweisen. Die Wasser- und Nährstoffversorgung spielt eine eher untergeordnete Rolle, da die Hydrokultur den Anforderungen der verschiedenen Arten gerecht werden kann.
Pflanzen mit gleichem Lichtbedürfnis passen in ein Arrangement und bilden eine Lebensgemeinschaft. Für einen sehr hellen, sonnigen Standort wählt man Pflanzen mit einem hohen Lichtbedarf, wie Euphorbien und Peperomien. Für einen Standort mit guten Lichtverhältnissen empfiehlt sich ein lichthungriger *Ficus benjamina* oder eine *Schefflera arboricola* zusammen mit einer *Anthurium*-Hybride und *Epipremnum pinnatum*. Am schattigen Standort wählt man *Dracaena fragrans* und einen passenden Dracaenen-Kopf, von *Philodendron scandens* umspielt. Pflanzen mit gleichen Lichtansprüchen bilden eine Einheit, gedeihen bestens zusammen und sind haltbar. Aus diesen Ansprüchen ergeben sich Pflanzen, die man zusammenpflanzen kann und solche, die nicht in dasselbe Brunnengefäß gehören. Die lichthungrigen Euphorbien beispielsweise passen nicht mit der schattenliebenden *Aglaonema commutatum* in ein Gefäß.
Das gleiche gilt für die Temperatur. Hier sind die Grenzen jedoch fließender, da die meisten Hydrokulturpflanzen ähnliche Temperaturansprüche haben. Unsere normale Raumtemperatur von 20–22 °C wird zahlreichen Pflanzen gerecht und ermöglicht eine vielfältige Gestaltung. Dennoch gilt auch hier, daß Pflanzen mit unterschiedlichen Temperaturanforderungen keine haltbare Lebensgemeinschaft bilden. Dagegen stellen zum Beispiel *Schefflera actinophylla*, *Aucuba japonica* und *Hedera helix* eine typische Bepflanzung für einen kühlen Standort dar. Für einen warmen Standort eignen sich Kompositionen aus verschiedenen Dracaenen, unterpflanzt mit *Epipremnum pinnatum*.

Tiffany-Kugel

Auch wenn die meisten Hydropflanzen mit unterschiedlichem Wasserverbrauch bestens in einem Gefäß wachsen können, sind bei der Gestaltung des Brunnens einige Grundregeln zu beachten. Pflanzen, die einen sehr geringen Wasserstand brauchen, dürfen nicht in ein Einkreissystem. Pflanzen mit sehr verschiedenen Ansprüchen an den Wasserstand sollten nicht zusammengepflanzt werden. Kakteen, Sukkulenten oder Croton passen nicht in ein Gefäß mit Hibiskus, *Cyperus*-Arten oder Zimmerbambus. Dagegen bilden Euphorbien, Kakteen, Peperomien und Wachsblumen eine Lebensgemeinschaft. Pflanzen, die einen hohen Wasserstand lieben, wie *Cyperus*-Arten, Zimmerbambus und *Ficus pumila,* gehören zusammen. Sie eignen sich übrigens bestens für Einkreissysteme.
Gut abgestimmte Zusammenstellungen lassen sich leicht finden, wenn man einen Blick auf die verwandtschaftlichen Verhältnisse der Pflanzen wirft. Zumeist, allerdings nicht immer, stimmen innerhalb einer Pflanzengattung die Licht- und Wärmeansprüche überein. Darüber hinaus haben Pflanzen einer Gattung oder Art Gemeinsamkeiten, die einem Arrangement Harmonie und Schönheit verleihen. Dennoch muß die Pflanzung dadurch nicht langweilig werden. Denken wir nur an die unsagbar vielgestaltige Gattung *Dracaena*, die eine abwechslungsreiche Gruppierung ihrer Spielarten gestattet. Die Vielfalt dieser Gattung ermöglicht Variationen in Blattfarbe, -form und Habitus, dennoch passen alle Pflanzen hervorragend zusammen und bilden eine dauerhafte Pflanzengemeinschaft. Auch die zahlreichen Euphorbienarten sind alles andere als langweilig und erlauben eine sukkulente Bepflanzung mit Pfiff.

Wohin mit dem Zimmerbrunnen?

Der beste Platz für den Zimmerbrunnen muß unter zwei Gesichtspunkten ausgewählt werden. Dabei haben die Anforderungen der Pflanzen zweifellos das größte Gewicht. Aber auch die optische Wirkung des Zimmerbrunnens muß genau bedacht werden, da das Arrangement den Betrachter erfreuen und die Wohnatmosphäre verbessern soll. Und das ist nur bei einer gelungenen Plazierung möglich.
Alle Pflanzen brauchen zur Aufrechterhaltung ihrer Lebensfunktionen Licht, Wärme, Luft und Nährstoffe. Hierin unterscheiden sich Hydrokulturpflanzen nicht von herkömmlichen Erdpflanzen. Obwohl immer wieder behauptet wird, daß Pflanzen in Hydrokultur weniger Licht als Pflanzen in Erdkultur benötigen, ist dies nicht richtig. Selbst Pflanzen mit geringen Lichtansprüchen wie *Aglaonema commutatum* oder *Philodendron*-Arten brauchen zum bloßen Überleben 300–400 Lux.
Lux ist die Einheit der Beleuchtungsstärke, ein Maß für das verfügbare Licht an einem Standort. Pflanzen mit geringem Lichtanspruch benötigen eine Beleuchtungsstärke von 800 Lux, Pflanzen mit höheren Lichtansprüchen 800–1000 Lux, während Arten mit hohem Lichtbedarf sogar über 1000 Lux erfordern.
Wie findet man nun unter Berücksichtigung der Lichtbedürfnisse den richtigen Platz? Hat man einen Tischbrunnen, also einen kleineren Zimmerbrunnen, dann ist ein Standort auf der Fensterbank optimal (siehe Abb. Seite 42). Ein Südfenster zum Beispiel ist ein sehr heller Standort, der am besten für Pflanzen mit hohen Lichtanforderungen geeignet ist. Im Sommer

Auch Pflanzen in einem Zimmerbrunnen brauchen Licht. Der beste Standort ist daher in Fensternähe

kann eine Schattierung mit Gardinen oder Rollos notwendig werden, Kakteen und Sukkulenten kommen auch ohne Schattierung aus. West- und Ostfenster hingegen sind für die Pflanzenhaltung bestens geeignet und bieten daher auch einem bepflanzten Zimmerbrunnen hervorragende Bedingungen. Die meisten Pflanzenarten mit mittleren Lichtansprüchen finden hier optimale Lichtverhältnisse. Bei empfindlicheren Pflanzen kann im Westfenster nachmittags eine leichte Schattierung nötig werden. Das Nordfenster ist der ideale Platz für Bepflanzungen mit mittleren bis geringen Lichtbedürfnissen. Sie gedeihen hier ohne Gefahr von Verbrennungen oder Trockenschäden.

Brunnen, die nicht direkt im Fenster stehen können, wie beispielsweise größere Arrangements oder Bodengefäße mit Brunnen, sollten so dicht wie möglich am Fenster stehen. Zu beachten ist nämlich, daß die zur Verfügung stehende Beleuchtungsstärke im Quadrat zur Entfernung abnimmt. Nur zwei Meter vom Fenster entfernt, erhalten die Pflanzen lediglich noch ein Viertel der auf der Fensterbank herrschenden Lichtintensität. Prinzipiell gilt: Je mehr Licht den Pflanzen zur Verfügung steht, desto besser wachsen und gedeihen sie, natürlich nur bis zu einer gewissen Grenze. Dieser Maximalwert wird als Sättigungswert bezeichnet und ist je nach Pflanzenart und Entwicklungszustand verschieden. Interessant zu wissen ist außerdem, daß sich die meisten Pflanzen an eine höhere Beleuchtungsstärke gewöhnen können. Eine Anpassungsfähigkeit an zu geringe Lichtintensitäten existiert jedoch nicht. Das Brunnenarrangement sollte daher einen möglichst hellen Platz am Fenster oder in Fensternähe erhalten, bei direkter Sonneneinstrahlung ist eine Schattierung empfehlenswert.

Ist aus Platzgründen oder aus optischen Erwägungen ein Standort in Raummitte geplant, wird Kunstlicht erforderlich. Für das Pflanzenwachstum ist eine Lampe mit einem ausgeglichenen Spektrum und geringem Infrarotanteil wichtig. Der Handel bietet hierzu eine Vielzahl geeigneter Pflanzenleuchten an, empfehlenswert sind die sogenannten Quecksilberdampflampen. Sie sind in der Anschaffung etwas teurer, haben aber die geringsten Unterhaltungskosten und eine lange Lebensdauer.

Die Pflanzenbeleuchtung kann außer zur Wachstumsförderung auch zur optischen Aufwertung des Brunnens beitragen. Lampen rücken ein Brunnenarrangement ins Zentrum der Aufmerksamkeit. Die Bepflanzung und der Zimmerbrunnen werden stärker gewichtet, die Aufmerksamkeit des Betrachters ist geweckt.

Mit und ohne Licht gilt jedoch, daß ein Zimmerbrunnen immer der Mittelpunkt eines Wohn- oder Arbeitsbereiches sein muß. Sein leichtes Plätschern soll beruhigen, sein Anblick erfreuen. Damit ein schöner Brunnen optisch zur Geltung kommt, ist ausreichend Platz erforderlich, beispielsweise mitten im Blumenfenster oder zentral im Wohnzimmer. Auch die räumliche Nähe zu einer Sitzgruppe ist zu empfehlen, da die meisten Brunnen, ob Wasserspiel oder Quellstein, zum Verweilen einladen.

Wasser im Wintergarten

Der beheizte Wintergarten bietet sich hervorragend für die Gestaltung mit Zimmerbrunnen an. Aufgrund der vorherrschenden Lichtverhältnisse ist er für das Gedeihen der Pflanzen optimal.
Der Wintergarten bietet in der Regel ausgiebig Platz, um mit Wasser und Pflanzen zu experimentieren. So lassen sich mit Hilfe von Teichfolien oder Fertigbecken aus Kunststoff kleine Teiche oder Wasserflächen anlegen. Die nüchternen Kunststoffbecken deckt man mit Natursteinen wie Flußkiesel, Lavagestein oder Tuffsteinen ab. In dieses nach eigenen Wünschen gestaltete Becken setzt man dann ganz nach Geschmack Quellsteine, Wasserspiele oder einen Springbrunnen. Wer Lichteffekte im Wasser liebt und Akzente im Brunnenarrangement setzen will, kann darüber hinaus Unterwasserlampen einbauen. Nun wird nach Belieben bepflanzt, entweder mit wasserliebenden Pflanzen direkt zwischen die Steine oder in separate Hydrokulturgefäße. Ein abschließendes Abdecken mit geeigneten Steinen und ein geschicktes Drapieren langer Bodendecker schafft dann aus Hydrokulturgefäßen und Wasserbecken eine perfekte Einheit, eine Wasserlandschaft im Wintergarten.
Wer auf den Eigenbau von Teichen oder Wasserflächen verzichten will, kann mit Quellsteinen in Bodengefäßen schöne Brunnenlandschaften gestalten. Mehrere handelsübliche Hydrogefäße werden als Gruppe arrangiert, beispielsweise ordnet man verschiedene Sechsecke in Wabenform an. In eines der Gefäße wird separat ein großer, wirkungsvoller Quellstein eingebaut, die anderen Gefäße werden passend bepflanzt und um das Brunnengefäß herum gruppiert. Fertig ist die kleine Landschaft mit langlebigen Hydrokulturpflanzen und getrenntem Brunnenkreislauf. Die Verwendung von Hydrokulturgefäßen macht die Anlage pflegeleicht, der Brunnen im Zweikreissystem ist wartungsarm und leicht zu reinigen. Dekorative Steine passend zum Quellstein und beispielsweise einige knorrige Wurzeln lockern die Pflanzgruppe auf und geben ihr einen natürlichen Charakter. Zahlreiche Bodendecker umspielen die Gefäßränder und verknüpfen die Einheiten. Eine einfache, arbeitssparende und gleichzeitig haltbare Möglichkeit der Wintergartengestaltung.

Großgefäß für den Wintergarten

Die Pflanzen-auswahl

Standardsortiment Hauptpflanzen

Die Auswahl der geeigneten Pflanzen, abhängig von Standort und Brunnensystem, ist von entscheidender Bedeutung. Deshalb werden im folgenden Abschnitt Hydrokulturpflanzen für das Brunnenarrangement präsentiert. Damit diese Pflanzen dauerhaft Freude bereiten können, werden ihre speziellen Pflegeansprüche dargestellt sowie typische Schädlinge genannt. Im Anschluß an das Standardsortiment folgen Pflanzen, die einen hohen Wasserstand tolerieren und daher am besten in Einkreissysteme passen. Eine Extrarubrik ist den Erdpflanzen im Zimmerbrunnen gewidmet. Besonderheiten bei der Erdkultur werden in diesem Zusammenhang besprochen.

Chamaedorea elegans

Geeignete Hydropflanzen

Die nachfolgenden Pflanzen sind nach Verwendungszweck gruppiert in Hauptpflanzen, Beipflanzen und Bodendecker. Obwohl es sich bei diesem Sortiment um besonders geeignete Hydrokulturpflanzen handelt, sei darauf hingewiesen, daß die genannten Licht- und Temperaturansprüche gleichermaßen für Pflanzen in Erde gelten.

Chamaedorea elegans

Bergpalme, Zimmerpalme

Die elegante Bergpalme wächst langsam und gehört aufgrund ihrer Haltbarkeit zu den beliebtesten Palmen in Hydrokultur. Durch ihren filigranen Wuchs kommt sie besonders als Hauptpflanze für kleinere Brunnenarrangements in Betracht. *Chamaedorea elegans* gedeiht an einem schattigen bis halbschattigen Standort am besten. Besonders bei geringer Luftfeuchtigkeit auf Spinnmilben achten. Ansonsten robust und dankbar, kann auch an ungünstigen Standorten zu stattlichen Exemplaren heranwachsen.
Geringer Lichtbedarf, 600–800 Lux, 16–20 °C

Chrysalidocarpus lutescens

Chrysalidocarpus lutescens

Arekapalme, Goldfruchtpalme

Die Arekapalme stellt mit ihren weichen, eleganten Wedeln eine beliebte Hauptpflanze dar. Sie ist eine außerordentlich dankbare Palmenart und zeichnet sich durch einen raschen Wuchs aus. Sie paßt als Hauptpflanze sowohl in große Anlagen als auch in kleine Zimmerbrunnen. *Chrysalidocarpus lutescens* benötigt einen halbschattigen Standort ohne direkte Sonne. Bei hellem Standort werden die Wedel heller, fast gelblich. Bei geringer Luftfeuchtigkeit auf Spinnmilben und Schildläuse achten. Regelmäßiges Übersprühen mit Wasser beugt Schädlingsbefall und braunen Spitzen vor.
Mittlerer Lichtbedarf, 800–1000 Lux, 18–24 °C

Dracaena deremensis

Drachenbaum

Dracaena deremensis mit ihren länglichen, spitzen Blättern zeichnet sich durch ihre gute Haltbarkeit aus. Als Hauptpflanzen sind Stämme beliebt, die vielen Arten und Sorten sorgen für ein abwechslungsreiches Bild. Am weitesten verbreitet ist die Sorte 'Warneckii' mit weißen Längsstreifen. Aufgrund ihrer Robustheit werden auch die rein grünen Sorten 'Janet Craig' und 'Compacta' häufig gepflanzt. *Dracaena deremensis* kommt mit einem halbschattigen Standort aus. Ein zu dunkler Platz kann zu Blattflecken und braunen Blattspitzen führen. „Kalten Fuß" und hohen Wasserstand vermeiden. Nicht mit Blattglanzspray behandeln.
Geringer Lichtbedarf, 600–800 Lux, 8–24 °C

Dracaena fragrans

Drachenbaum

Die einfarbig grüne *Dracaena fragrans* mit ihren breiten Blättern gehört zu den robustesten Hauptpflanzen. Gerne verwendet werden Stämme, auch Tuffs in verschiedenen Höhen. *Dracaena fragrans* zeichnet sich vor allem durch ihren geringen Lichtanspruch aus. Etwas mehr Licht benötigen alle buntlaubigen Spielarten. Am bekanntesten ist die Sorte 'Massangeana' mit breiten Blättern und gelbgrünen Mittelstreifen. „Kalten Fuß" und hohen Wasserstand vermeiden. *Dracaena fragrans* und ihre Sorten dürfen nicht mit Blattglanzspray behandelt werden.
Geringer Lichtbedarf, 600–800 Lux, 18–24 °C

Dracaena marginata

Drachenbaum, Drachenlilie

Dracaena marginata gefällt durch ihr elegantes Aussehen. Die schmalen langen Blätter haben einen dünnen roten Rand. Kleine Stämmchen gehören zu den am häufigsten verwendeten Hauptpflanzen für kleine Brunnenarrangements. Der zierliche Wuchs begleitet den Brunnenstein, ohne in Konkurrenz mit ihm zu treten. *Dracaena marginata* benötigt einen halbschattigen bis hellen Standort, aber keine direkte Sonne. Sorten mit gelblichem Farbenspiel haben hingegen einen sehr hohen Lichtbedarf und sind empfindlicher als die Ausgangsart. Am bekanntesten sind die Sorten 'Tricolor' und 'Colorama'. Die Sorte 'Magenta' mit dunkelgrünem, fast rotem Laub ist dekorativ und haltbar. Die sonst so robuste *Dracaena marginata* ist äußerst empfindlich gegen niedrige Temperaturen im Wurzelbereich. „Kalten Fuß", vor allem in Verbindung mit hohem Wasserstand, unbedingt vermeiden.
Mittlerer Lichtbedarf, 800–1000 Lux, 18–24 °C

Dracaena marginata

Dracaena reflexa

Drachenbaum, Pleomele

Die langsam wachsende *Dracaena reflexa* gilt als Kostbarkeit unter den Pflanzenliebhabern. Die Triebe wachsen leicht gebogen und geben der Pflanze im Alter ein bizarres Aussehen. Die dekorativen Büsche oder verzweigten Stämmchen sind als Hauptpflanze für größere Brunnenanlagen geeignet. *Dracaena reflexa* kommt mit einem halbschattigen Standort aus, Die bunte Sorte 'Song of India' benötigt jedoch etwas mehr Licht. Bei zu kühlem Standort sind Blattflecken möglich, ansonsten ist die Art nicht anfällig für Krankheiten und Schädlinge.
Mittlerer Lichtbedarf, 800–1000 Lux, 18–24 °C

Dracaena sanderiana

Drachenbaum

Die zierliche *Dracaena sanderiana* kommt am besten als Hauptpflanze für kleine Brunnenarrangements in Frage. Die länglichen Blätter haben einen weißen Rand sowie zarte Längsstreifen. Gelbe Sorten bereichern das Sortiment. *Dracaena sanderiana* benötigt einen halbschattigen bis hellen Standort ohne direkte Sonne. Bei geringer Luftfeuchtigkeit treten braune Blattspitzen auf. Häufiges Übersprühen mit Wasser beugt diesem Schaden vor. Durch rechtzeitigen Rückschnitt erhält man verzweigte Pflanzen mit dichter Belaubung.
Mittlerer Lichtbedarf, 800–1000 Lux, 18–24 °C

Euphorbia trigona

Euphorbia trigona

Säuleneuphorbie

Die Säuleneuphorbie ist eine ideale Hauptpflanze für das Südfenster. Sehr dekorativ sind Arrangements mit anderen Euphorbien, Sukkulenten oder Kakteen. Selbstverständlich sind solche Kombinationen nur für Zweikreisbrunnen zu empfehlen, da ein niedriger Wasserstand erforderlich ist. Die Euphorbie möchte wie alle Sukkulenten lieber etwas zu trocken als zu naß stehen. *Euphorbia trigona* benötigt einen sehr hellen Standort, gerne mit direkter Sonne. An einem hellen, warmen Standort gedeiht die Säuleneuphorbie prächtig und überrascht durch schnelles Wachstum. Auf Befall mit Weißer Fliege achten.
Hoher Lichtbedarf, über 1000 Lux, 18–24 °C

Ficus benjamina

Birkenfeige, Zimmerbirke

Die Birkenfeige zählt durch ihren lockeren, ansprechenden Wuchs zu den beliebtesten Hauptpflanzen. Die zahlreichen kleinen Blätter und die gute Verzweigung sorgen für ein hübsches Bild im Brunnenarrangement. *Ficus benjamina* hat einen hohen Lichtbedarf und muß daher an einem hellen Standort stehen. Bei Lichtmangel kommt es rasch zu Blattfall. Keine direkte Sonneneinstrahlung. Temperaturschwankungen, Zugluft und Standortwechsel vermeiden, da sonst Blattfall die Folge sein kann. Durch Rückschnitt erhält man gut verzweigte und dicht belaubte Pflanzen. In der Hauptwachstumszeit auf ausreichende Düngerversorgung achten. Zahlreiche Spielarten von *Ficus benjamina* sorgen für Abwechslung im Sortiment. *Ficus benjamina* 'Natascha' hat deutlich kleinere Blätter und wächst kompakt. Beliebt sind auch gelb- und weißbunte Sorten wie 'Golden King', 'Hawai' und 'Starlight'. Zu beachten ist allerdings, daß alle bunten Sorten noch höhere Anforderungen an das Licht stellen.
Hoher Lichtbedarf, über 1000 Lux, 18–24 °C

Ficus benjamina

Ficus elastica

Gummibaum

Der klassische Gummibaum mit seinen großen ledrigen Blättern ist eine ansehnliche Hauptpflanze. Kompakte buntblättrige Pflanzen passen auch in kleinere Brunnen. *Ficus elastica* eignet sich für einen halbschattigen bis hellen Standort, grüne Sorten finden auch noch bei weniger Licht ein Auskommen. Bei niedrigen Temperaturen auch einen niedrigen Wasserstand halten. Der Gummibaum ist eine robuste Pflanze für ungünstige Standorte.
Mittlerer Lichtbedarf, 800–1000 Lux, 16–24 °C

Ficus lyrata

Geigenfeige

Die Geigenfeige ist eine interessante Hauptpflanze für große Brunnenarrangements. Die großen, leicht gewellten Blätter erinnern an Geigen, was dieser *Ficus*-Art ihren Namen einbrachte. *Ficus lyrata* gedeiht am besten an einem halbschattigen bis hellen Standort, direkte Sonne sollte man vermeiden. Bei niedriger Luftfeuchtigkeit auf Spinnmilbenbefall achten, der sich durch rote Flecken bemerkbar macht.
Mittlerer Lichtbedarf, 800–1000 Lux, 18–24 °C

Howeia forsteriana

Kentiapalme, Kentie

Die Kentie wirkt mit ihren tiefgrünen Wedeln elegant und hat das charakteristische Aussehen einer Palme. Sie wächst auch in Wohn- und Arbeitsräumen zu beachtlichen Exemplaren heran. Da die Kentie ihre volle Schönheit erst als ältere Pflanze entfaltet, kommt sie nur als Hauptpflanze für größere Brunnenarrangements in Betracht. Dort ist sie dekorativ und haltbar. Die Kentie braucht nur einen halbschattigen Standort, direkte Sonneneinstrahlung ist zu vermeiden. An lufttrockenen Standorten auf Befall von Spinnmilben und Schildläusen achten.
Mittlerer Lichtbedarf, 800–1000 Lux, 16–24 °C

Ficus lyrata

Howeia forsteriana

Monstera deliciosa

Fensterblatt

Das Fensterblatt gefällt durch große, gelappte und durchlöcherte Blätter. Wie *Philodendron erubescens* brauchen die Pflanzen eine Stütze, an der sie nach oben ranken. Die Zahlreichen Luftwurzeln bieten besonders in Verbindung mit Brunnen oder Wasserflächen ein interessantes Bild. *Monstera deliciosa* ist eine dekorative Hauptpflanze für große Arrangements. Bei der Gestaltung mit Wasserspielen oder Brunnen ist zu beachten, daß die stark dominierende Art nicht mit dem Brunnen in Konkurrenz tritt. *Monstera deliciosa* zeichnet sich vor allem durch die sehr gute Haltbarkeit auch an ungünstigen Standorten aus. Ein schattiger bis halbschattiger Standort genügt für ein prächtiges Gedeihen. „Kalten Fuß“ und hoher Wasserstand sind allerdings zu vermeiden.
Geringer Lichtbedarf, 600–800 Lux, 18–26 °C

Philodendron erubescens

Baumfreund

Der Baumfreund stützt sich in der Natur an die Baumriesen im Urwald, bei Zimmerpflanzen übernehmen Moos- oder Korkstäbe diese Funktion. *Philodendron erubescens* gefällt durch seine großen, fast herzförmigen Blätter. Die Farbe ist dunkelgrün, bei manchen Sorten rötlich. *Philodendron erubescens* ist raschwachsend und eignet sich daher als Hauptpflanze in großen Brunnenlandschaften. Der Baumfreund ist pflegeleicht und benötigt nur einen schattigen bis halbschattigen Standort. Rechtzeitiger Rückschnitt einzelner Triebe führt zu gut aufgebauten und dicht belaubten Pflanzen. Besonders bei raschem Wachstum auf ausreichende Nährstoffversorgung achten.
Geringer Lichtbedarf, 600–800 Lux, 18–24 °C

Monstera deliciosa

Philodendron erubescens

Schefflera actinophylla

Strahlenaralie

Die Strahlenaralie hat handförmig geteilte Blätter, die an langen Blattstielen sitzen. Der strauch- bis baumartige Wuchs macht sie zu einer beliebten Hauptpflanze. Obwohl auch kleinere Pflanzen erhältlich sind, überzeugen vor allem große Exemplare der Strahlenaralie. *Schefflera actinophylla* gedeiht an einem halbschattigen bis hellen Standort. Direkte Sonne sollte man vermeiden. Günstig ist ein eher kühler Standort, da hohe Temperaturen bei geringer Luftfeuchtigkeit Schädlingsbefall begünstigen.
Mittlerer Lichtbedarf, 800–1000 Lux, 16–22 °C

Schefflera actinophylla

Schefflera arboricola

Schefflera arboricola

Mini-Schefflera

Die Mini-Schefflera mit ihrem lockeren, ansprechenden Wuchs ist eine der beliebtesten Hauptpflanzen im Zimmerbrunnen. Die handförmig geteilten Blätter sind länglich bis rund und glänzend grün. *Schefflera arboricola* hat einen deutlich höheren Lichtbedarf als die großblättrige Strahlenaralie, die pralle Mittagssonne sollte man jedoch vermeiden. Auch die Temperaturansprüche sind etwas höher als die von *Schefflera actinophylla.* An warmen Standorten mit trockener Luft auf Läuse achten. Ein heller, luftiger Standort gewährleistet optimales Wachstum und gesunde Pflanzen. Zu lange Triebe schneidet man zurück, so erhält man gut verzweigte Pflanzen. Zahlreiche Sorten bieten Abwechslung im Sortiment. Gerne verwendet werden vor allem buntblättrige Sorten wie ‘Gold Capella’ oder ‘Trinette’, die allerdings einen höheren Lichtanspruch als die Ausgangsart haben.
Hoher Lichtbedarf, über 1000 Lux, 18–24 °C

Yucca elephantipes

Palmlilie

Stämme von *Yucca elephantipes* passen als Hauptpflanzen sowohl in größere Brunnenanlagen als auch in kleinere Zimmerbrunnen. An dicken Stämmen bilden lanzettförmige, spitz zulaufende Blätter einen dichten Blattschopf. *Yucca elephantipes* hat deutlich härtere und spitzere Blätter als Drachenbäume, denen sie ähnelt. Die Anforderungen an den Standort sind jedoch anders. *Yucca elephantipes* benötigt einen hellen Standort, bei vorsichtiger Gewöhnung verträgt sie sogar direkte Sonne. Kurzfristig toleriert die Palmlilie auch niedrige Temperaturen, dann muß der Wasserstand allerdings sehr niedrig sein. Zu hoher Wasserstand führt zu braunen Blattspitzen. An hellen und luftigen Standorten gedeiht *Yucca elephantipes* bestens. Sie zeichnet sich vor allem durch ihre gute Haltbarkeit bei geringer Luftfeuchtigkeit aus.
Hoher Lichtbedarf, über 1000 Lux, 16–24 °C

Yucca elephantipes

Schöne Beipflanzen

Aglaonema commutatum

Aglaonema commutatum

Kolbenfaden

Aglaonema commutatum bildet dichte Büsche aus länglichen Blättern mit silbriger oder gelbbunter Zeichnung. Am populärsten ist die kompaktwachsende Sorte 'Silver King' mit silbriger Blattzeichnung. Die Pflanzenart hebt sich vor allem durch ihren extrem geringen Lichtbedarf hervor, der sie zur wichtigsten Beipflanze für dunkle Standorte macht. *Aglaonema commutatum* gehört zu den wenigen Arten, die bei geringen Lichtstärken besser gedeihen als bei viel Licht. Niedrige Temperaturen und hohen Wasserstand verträgt die sonst so robuste *Aglaonema commutatum* allerdings nicht. Auch auf eine ausreichende Wassertemperatur muß immer geachtet werden.
Geringer Lichtbedarf, unter 600 Lux, 18–24 °C

Anthurium-Andreanum-Hybriden
Anthurium-Scherzerianum-Hybriden

Flamingoblume

Die großblättrige Flamingoblume ist eine blühende Beipflanze für Brunnenarrangements. Die Blüten sitzen auf einem Kolben, der von einem farbigen Hochblatt umgeben ist. Auch ohne diese typische Aronstabblüte wirken Anthurien mit ihren länglichen bis herzförmigen ledrigen Blättern nicht langweilig. Zudem sind sie haltbar sowie unempfindlich gegenüber Krankheiten und Schädlingen. Anthurien benötigen einen hellen Standort ohne direkte Sonne. Steht die Flamingoblume zu dunkel, kommt sie nicht zur Blüte.
Mittlerer Lichtbedarf, 800–1000 Lux, 18–24 °C

Anthurium-Scherzerianum-Hybride

Asparagus falcatus

Asparagus-Arten

Zierspargel

Asparagus-Arten bieten ein vielfältiges Beipflanzensortiment. Die dicht belaubten, feingliedrigen Triebe ähneln Farnwedeln, *Asparagus* ist jedoch kein Farn. Manche Arten bilden Beeren, andere sind mit Dornen besetzt. Die zierlichen Wedel und der filigrane Wuchs passen hervorragend zu Brunnenarrangements aller Art. Alle *Asparagus*-Arten gehören an einen halbschattigen bis hellen Standort ohne direkte Sonne. An einem luftigen Platz gedeihen sie am besten. Bei hohen Temperaturen und niedriger Luftfeuchtigkeit auf Spinnmilbenbefall achten.
Mittlerer Lichtbedarf, 800–1000 Lux, 16–24 °C

Asplenium nidus

Nestfarn

Der Nestfarn lockert Pflanzungen durch das frische Grün seiner Blätter auf, er ist deshalb als Beipflanzung bestens geeignet. Die glänzenden Blätter bilden eine trichterförmige Blattrosette, ein Nest. *Asplenium nidus* benötigt einen halbschattigen Standort, keinesfalls direkte Sonne. Eine hohe Luftfeuchtigkeit, wie sie in der Nähe

Asplenium nidus

von Quellbrunnen vorherrscht, fördert das Gedeihen. *Asplenium nidus* darf nicht mit Blattglanzspray behandelt werden.
Mittlerer Lichtbedarf, 800–1000 Lux, 18–24 °C

Aucuba japonica

Aukube

Aucuba japonica ist eine robuste Beipflanze für kühle Standorte. Die Blattpflanze gefällt durch lebhafte gelbbunte Blattzeichnung. *Aucuba japonica* braucht einen halbschattigen Standort, sie wächst aber auch an helleren Standorten prächtig. *Aucuba japonica* benötigt für ihr Wachstum nur niedrige Temperaturen, einen niedrigen Wasserstand vorausgesetzt. Bei hohen Temperaturen und trockener Luft auf Spinnmilbenbefall achten.
Mittlerer Lichtbedarf, 800–1000 Lux, 10–20 °C

Aucuba japonica

Guzmania lingulata

Bromeliaceae

Ananasgewächse

Von den zahlreichen Bromelienarten kommen einige als Beipflanzen in Frage. Hier seien vor allem *Guzmania lingulata var. minor*, *Vriesea splendens* und *Aechmea fasciata* genannt. Alle Bromelien brauchen einen halbschattigen bis hellen Standort ohne direkte Sonne. Die Blütenbildung wird bei den meisten Arten durch hohe Lichtstärken gefördert. Bromelien bevorzugen einen niedrigen Wasserstand. In der Blattrosette sollte ständig etwas Wasser stehen. Auch eine hohe Luftfeuchtigkeit, wie sie in der Nähe des Zimmerbrunnens vorherrscht, ist für das Wachstum der Bromelien günstig. Da Bromelien in der Natur in den Baumwipfeln der Urwaldriesen leben und daher einen eingeschränkten Wurzelballen gewöhnt sind, können viele Arten gut in Aussparungen des Brunnensteins gepflanzt werden.
Mittlerer Lichtbedarf, 800–1000 Lux, 16–24 °C

Codiaeum variegatum

Dieffenbachia maculata

Dizygotheca elegantissima

Codiaeum variegatum

Wunderstrauch, Croton

Der Croton ist durch seine auffällige bunte Blattfärbung bekannt und beliebt. Die rot- oder gelbbunten Blätter weisen unterschiedliche Zeichnungen und verschiedenste Blattformen auf, daher auch der Name Wunderstrauch. *Codiaeum variegatum* benötigt unbedingt einen sehr hellen Standort, vor allem die rotbunten Sorten haben einen außerordentlich hohen Lichtbedarf. Der Croton braucht einen warmen Platz ohne Zugluft. Bei trockener Luft auf Spinnmilben achten. Zahlreiche Sorten sorgen für ein abwechslungsreiches Sortiment.
Hoher Lichtbedarf, über 1000 Lux, 18–24 °C

Dieffenbachia maculata

Dieffenbachie

Die Dieffenbachie ist mit ihrem buschigen Wuchs und der gefälligen Blattzeichnung eine ideale Beipflanze. Während die großblättrige 'Tropic Snow' für größere Brunnenarrangements Verwendung findet, eignen sich die kleinblättrigen Sorten als Beipflanzen für kleinere Schalen. Die Dieffenbachie wächst am besten an einem halbschattigen bis hellen Standort ohne direkte Sonne. Wichtig ist ein warmer, geschützter Standort.
Mittlerer Lichtbedarf, 800–1000 Lux, 18–24 °C

Dizygotheca elegantissima

Fingeraralie

Dizygotheca elegantissima, besser als *Schefflera elegantissima* bezeichnet, ist eine Beipflanze für grazile Arrangements. Die schmalen, gefiederten Blätter sind dunkelgrün, fast purpurfarben. Als Beipflanzung wird auch häufig die mehr kompakte Sorte 'Castor' eingesetzt. Die Fingeraralie und ihre Sorten benötigen einen hellen Standort ohne direkte Sonneneinstrahlung. Zugluft, „kalten Fuß" und hohen Wasserstand vermeiden. An einem warmen, geschützten Standort mit ausreichender Luftfeuchtigkeit gedeiht die eher empfindliche Art bestens.
Hoher Lichtbedarf, über 1000 Lux, 18–24 °C

Dracaena deremensis

Drachenbaum

Als Beipflanzen finden hauptsächlich Köpfe von *Dracaena deremensis* Verwendung. Köpfe eignen sich für diesen Zweck gut, da sie langsam wachsen und sich vom Charakter her gut unterordnen können. Dekorativ sind Arrangements aus Stämmchen und Kopf, gerne in verschiedenen Spielarten. Grüne Sorten wie *Dracaena deremensis* 'Janet Craig' und 'Compacta' begleiten die Dominante, strahlen Ruhe aus und tragen zur Harmonie bei.
Geringer Lichtbedarf, 600–800 Lux, 18–24 °C

Dracaena fragrans

Drachenbaum

Auch bei *Dracaena fragrans* nimmt man hauptsächlich Köpfe als Beipflanzung. Als Brunnenarrangement für absonnige Standorte zählen Variationen aus *Dracaena fragrans*, Stamm unterpflanzt mit Köpfen der gleichen Art, zu den unempfindlichsten Bepflanzungen. Bei etwas besseren Lichtverhältnissen ist die Sorte 'Massangeana' eine gefällige Beipflanze. Sie erfreut durch ihren lebhaften gelben Mittelstreifen.
Geringer Lichtbedarf, 600–800 Lux, 18–24 °C

Dracaena godseffiana
(Dracaena succulosa var. succulosa)

Drachenbaum

Dracaena godseffiana gefällt durch ihren lockeren strauchigen Wuchs und die gelbbunte Blattzeichnung. Die Sorte 'Florida Beauty' wird am häufigsten gepflanzt, da ihre gefällige Blattzeichnung mit zahlrei-

Dracaena fragrans

chen gelben Tupfern die Ausgangsart noch übertrifft. Die Blätter sind im Gegensatz zu anderen Drachenbäumen oval bis rundlich. Durch ihren kompakten Aufbau, den langsamen Wuchs und die gute Verzweigung ist *Dracaena godseffiana* eine ideale Beipflanze. Die gute Haltbarkeit macht diese Art zu einer empfehlenswerten Ergänzung in gemischten Arrangements. Sehr schön sind Kombinationen mit anderen Dracaenen. Zu beachten ist allerdings, daß *Dracaena godseffiana* einen etwas höheren Lichtbedarf als die meisten Dracaenen hat.
Mittlerer Lichtbedarf, 800–1000 Lux, 18–24 °C

Dracaena marginata

Drachenbaum

Als Beipflanzung passen Köpfe von *Dracaena marginata* und ihren zahlreichen buntblättrigen Sorten. *Dracaena marginata*-Köpfe sind filigran, wirken gefällig und lockern eine Bepflanzung auf. Auch hier gilt, daß Kombinationen aus Stämmen, unterpflanzt mit Köpfen der gleichen Art, eine harmonische Wahl sind. Pflanzungen aus gleichen oder verwandten Arten wirken ruhig und zeichnen sich durch gute Haltbarkeit aus. Die gelbbunten Sorten wie 'Tricolor' und 'Colorama' eignen sich als Beipflanzen für helle Standorte.
Mittlerer Lichtbedarf, 800–1000 Lux, 18–24 °C

Dracaena reflexa

Drachenbaum, Pleomele

Dracaena reflexa ist eine Beipflanze mit elegant geschwungenem Wuchs. Die Köpfe dieser Art sind langsamwachsend und können daher besonders gut für diesen Zweck verwendet werden. Schön sind auch Tuffs aus mehreren Köpfen. *Dracaena reflexa* paßt gut zu verschiedenen Dracaena-Stämmen, aber auch als Kontrast zu rundblättrigen Hauptpflanzen.
Mittlerer Lichtbedarf, 800–1000 Lux, 18–24 °C

Euphorbia-Lomii-Hybriden, Euphorbia milii

Christusdorn

Der Christusdorn ist eine beliebte Pflanze für helle Standorte, die bei ausreichendem Licht unermüdlich blüht. Die dickfleischigen Triebe sind mit Dornen und kleinen Blättern besetzt. Der kompakt wachsende Christusdorn ist eine ideale Beipflanze für Arrangements mit Wüstencharakter. Reizvoll sind Zusammenstellungen aus verschiedenen Euphorbien, Kakteen und anderen Sukkulenten, die auch hinsichtlich der Standortanforderungen gelungene Kombinationen darstellen. Der Christusdorn benötigt einen eher niedrigen Wasserstand, „kalten Fuß“ und Zugluft sind zu vermeiden. Ansonsten ist der Christusdorn unempfindlich gegenüber Krankheiten und Schädlingen, auch trockene Zimmerluft wird gut vertragen. Zahlreiche haltbare Sorten sind im Sortiment.
Hoher Lichtbedarf, über 1000 Lux, 18–24 °C

Euphorbia milii

Euonymus japonica

Spindelstrauch

Der Spindelstrauch stellt aufgrund seiner lebhaften Blattfärbung eine dekorative Beipflanze dar. Die kleinen rundlichen Blätter sind gelb- oder weißbunt gefärbt. *Euonymus japonica* benötigt einen halbschattigen bis hellen Standort. Die Art zeichnet sich besonders durch ihre Eignung für Standorte mit niedrigeren Temperaturen aus. *Euonymus japonica* gedeiht am besten an einem luftigen Platz. Bei hohen Temperaturen und geringer Luftfeuchtigkeit auf Spinnmilben achten.
Mittlerer Lichtbedarf, 800–1000 Lux, 10–20 °C

Euonymus japonica

Hibiscus rosa-sinensis

Chinesischer Roseneibisch

Hibiscus rosa-sinensis ist eine der beliebtesten Blütenpflanzen in Hydrokultur. Die großen, meist roten kelchförmigen Blüten verbreiten Südseestimmung. Der Chinesische Roseneibisch ist ein dauerhafter Blüher, die glänzenden Blätter verleihen ihm aber auch außerhalb der Blütezeit ein ansprechendes Aussehen. *Hibiscus rosa-sinensis* ist eine dekorative Beipflanze für größere Brunnenarrangements. Will man an ihm jedoch dauerhaft Freude haben, sind einige Anforderungen zu erfüllen. *Hibiscus rosa-sinensis* hat einen hohen Lichtanspruch, er braucht daher einen hellen bis sonnigen Standort. Im Winter ist eine Ruheperiode erforderlich, bei der die Temperaturen bis auf 12 °C absinken dürfen. Während der Ruhezeit nur geringen Wasserstand halten. Im zeitigen Frühjahr erfolgt der Rückschnitt. Auf Schädlingsbefall achten. Während der Blüte häufigen Standortwechsel und Zugluft vermeiden. Der Chinesische Roseneibisch hat in der Hauptwachstumszeit einen hohen Nährstoff- und Wasserverbrauch, er darf auf keinen Fall austrocknen.
Hoher Lichtbedarf, über 1000 Lux, 16–24 °C, im Winter bis 12 °C

Hibiscus rosa-sinensis

Nephrolepis exaltata

Schwertfarn

Nephrolepis exaltata ist mit seinen einfach oder mehrfach gefiederten Wedeln eine harmonische Ergänzung in jedem Brunnenarrangement. Durch seine freundliche grüne Farbe und den kompakten Wuchs ist er eine ideale Beipflanze. Der Schwertfarn wächst am besten an einem halbschattigen bis hellen Standort. Direkte Sonneneinstrahlung ist zu vermeiden. Für schattige oder dunkle Ecken ist er keinesfalls geeignet, auch wenn dies zuweilen empfohlen wird. Bei hoher Luftfeuchtigkeit, wie sie in der Nähe des Brunnens herrscht, gedeiht *Nephrolepis exaltata* am besten. Mit Blattglanzspray darf er nicht behandelt werden.
Mittlerer Lichtbedarf, 800–1000 Lux, 16–24 °C

Nephrolepis exaltata

Peperomia-Art

Spathiphyllum wallisii

Peperomia-Arten

Zwergpfeffer, Peperomie

Der Zwergpfeffer gefällt durch seine dickfleischigen Blätter, die gelbbunt, grün oder rötlich gefärbt sind. Die Blüte ist bei den meisten Arten eher unscheinbar, lediglich *Peperomia caperata* zeichnet sich durch interessante Blütenstände aus. Die Peperomie wächst langsam und ist daher eine ideale Beipflanze für kleinere Arrangements. Sie gehört an einen hellen Standort, gerne auch mit direkter Sonne. Niedrige Temperaturen, „kalten Fuß" und hohen Wasserstand sollte man vermeiden. Peperomien eignen sich gut als Beipflanzen zu Euphorbien oder anderen sukkulenten Bepflanzungen.
Hoher Lichtbedarf, 1000 Lux, 18–24 °C

Spathiphyllum wallisii,
Spathiphyllum floribundum

Einblatt

Spathiphyllum beeindruckt durch schöne, glänzend grüne Blätter und eine weiße Aronstabblüte. Auch ohne Blüte ist der Zierwert dieser Art beachtlich. Die länglichen bis ovalen Blätter zeigen eine feine Nervatur, die den Blättern eine leichte Struktur gibt. Der robuste und haltbare Blüher eignet sich auch für schattige Plätze. Das Einblatt ist damit übrigens eine der wenigen Blütenpflanzen überhaupt, die auch an schattigen Standorten ein Auskommen finden. Da man *Spathiphyllum* auch an weniger günstigen Standorten verwenden kann, ist es eine beliebte Beipflanze. *Spathiphyllum* gedeiht am besten an warmen Standorten mit hoher Luftfeuchtigkeit, wie sie im Bereich des Zimmerbrunnens vorherrscht.
Mittlerer Lichtbedarf, 600–800 Lux, 18–24 °C

Cissus rhombifolia

Cissus rhombifolia

Königswein, Klimme

Die dekorativen Blätter von *Cissus rhombifolia* sind geteilt, dunkelgrün und leicht behaart. Häufige Verwendung findet die Sorte 'Ellen Danica' mit größeren Blättern und gezackten Blatträndern. *Cissus rhombifolia* ist ein ansprechender Bodendecker, der auch bei etwas niedrigeren Temperaturen durch üppiges Wachstum überzeugt. Er gedeiht am besten an einem halbschattigen bis hellen Standort ohne direkte Sonne.
Mittlerer Lichtbedarf, 800–1000 Lux, 16–24 °C

Epipremnum pinnatum

Efeutute, Scindapsus

Epipremnum pinnatum, bekannt und populär unter dem Namen *Scindapsus,* ist eine der dankbarsten Hängepflanzen. Seine gelbbunten, fast herzförmigen Blätter geben ihm ein ansprechendes Aussehen. Der *Scindapsus* hat einen geringen Lichtanspruch, an dunklen Standorten vergrünen die Triebe jedoch. Eine schönere Blattfärbung und -zeichnung erhält man bei einem höheren Lichtangebot. *Epipremnum pinnatum* ist raschwachsend, haltbar und an den verschiedensten Standorten einzusetzen. Lediglich niedrige Temperaturen und hohen Wasserstand sollte man vermeiden. Ansonsten ist der *Scindapsus* robust und unempfindlich gegen Krankheiten und Schädlinge. Ein zeitiger Rückschnitt führt zu kompakten Pflanzen mit guter Belaubung.
Geringer Lichtbedarf, 600–800 Lux, 18–24 °C

Epipremnum pinnatum

Ficus pumila

Kletterfeige

Die Kletterfeige ist eine dankbare Rankpflanze, die durch zahlreiche kleine Blättchen gefällt. Die selbstklimmenden Ranken begrünen an hellen Standorten innerhalb kürzester Zeit Wände oder Bodenflächen. Auch Brunnensteine überwuchert *Ficus pumila* schnell, mehrmaliges Zurückschneiden kann daher erforderlich werden. *Ficus pumila* gehört an einen hellen Standort, bei vorsichtiger Abhärtung verträgt sie sogar direkte Sonne. Die Kletterfeige hat einen hohen Nährstoff- und Wasserbedarf, auch darf sie nie völlig austrocknen. Eine hohe Luftfeuchtigkeit, wie sie oft in der Nähe der Zimmerbrunnen vorherrscht, ist für das Wachstum förderlich. Bei geringer Luftfeuchte auf Wolllausbefall achten. *Ficus pumila* darf nur äußerst vorsichtig mit Blattglanz besprüht werden.
Mittlerer Lichtbedarf, 800–1000 Lux, 16–24 °C

Ficus pumila

Hedera helix

Efeu

Efeu ist ein robuster Bodendecker, der auch an kühleren Standorten gut wächst. Die zahlreichen Sorten variieren zwischen einfarbig grün, weiß- und gelbbunt, die Blätter sind verschieden stark gelappt. Mit ihren Haftwurzeln klettert *Hedera helix* an Wänden oder Stäben hoch und begrünt rasch größere Flächen. Efeu gedeiht am besten an einem halbschattigen bis hellen Standort. Die buntblättrigen Sorten haben einen höheren Lichtbedarf als die grünen. *Hedera helix* zeichnet sich vor allem durch die gute Haltbarkeit an kühleren Standorten aus. Bei niedrigen Temperaturen geringen Wasserstand halten. An warmen Standorten mit trockener Luft auf Spinnmilben achten.
Mittlerer Lichtbedarf, 800–1000 Lux, 12–20 °C

Hedera helix

Hoya carnosa

Hoya carnosa

Wachsblume

Hoya carnosa ist ein langsam wachsender Ranker mit grünen, gelbbunten, manchmal rötlichen Blättern. Die dickfleischigen Blätter passen im Charakter gut zu sukkulenten Pflanzen, Euphorbien und Kakteen, die auch von den Standortansprüchen her eine passende Gruppierung bilden. Die Wachsblume benötigt einen hellen, gerne auch vollsonnigen Standort. Die gelbbunten Sorten haben einen höheren Lichtbedarf als die grüne Ausgangsart. *Hoya carnosa* zeichnet sich durch einen geringen Wasser- und Nährstoffbedarf aus, kurzzeitig verträgt sie auch niedrige Temperaturen.
Hoher Lichtbedarf, 1000 Lux, 16–24 °C

Maranta leuconeura

Marante, Pfeilwurz

Die rundlichen Blätter der *Maranta leuconeura* haben eine auffallend bunte Blattzeichnung und bilden damit einen interessanten Farbtupfer im Brunnenarrangement. Die eher langsam wachsende Marante braucht einen halbschattigen

Maranta leuconeura

Standort ohne direkte Sonne. Zu geringe Luftfeuchtigkeit kann zu braunen Blatträndern oder -spitzen führen. Auf Spinnmilbenbefall ist zu achten. An einem geschützten Platz mit gleichmäßiger Wärme gedeiht die Marante am besten. Zugluft und „kalten Fuß“ vermeiden.
Mittlerer Lichtbedarf, 800–1000 Lux, 18–24 °C

Philodendron scandens

Kletterphilodendron

Die kleinen herzförmigen Blätter des Kletterphilodendron ähneln *Epipremnum pinnatum*, sind jedoch einfarbig grün. *Philodendron scandens* ist ein sehr robuster Bodendecker, der auch an schattigen Plätzen wächst. Er gedeiht an halbschattigen wie schattigen Standorten gleichermaßen gut, lediglich direkte Sonne ist zu vermeiden. An ungünstigem Standort auf Wolläuse achten, ansonsten ist *Philodendron scandens* unempfindlich gegenüber Krankheiten und Schädlingen. Blattglanzspray darf nur mit äußerster Vorsicht ange-

Philodendron scandens

Syngonium podophyllum

wandt werden. Durch seinen gefälligen Wuchs und die gute Haltbarkeit ist der Kletterphilodendron eine Bereicherung für jedes Arrangement. Ein mehrmaliger Rückschnitt kann erforderlich werden. Geringer Lichtbedarf, 600–800 Lux, 18–24 °C

Syngonium podophyllum

Purpurtute

Die dekorativen pfeilförmigen Blätter des *Syngonium podophyllum* sitzen an langen Stielen und geben der Pflanze ein interessantes Aussehen. Wie *Philodendron scandens* klettert die Purpurtute am Naturstandort an Bäumen empor. Im Brunnenarrangement findet sie als großblättriger Bodendecker Verwendung. *Syngonium podophyllum* benötigt einen schattigen bis halbschattigen Standort. Bei besseren Lichtverhältnissen kommt die Blattzeichnung jedoch besser zur Geltung. An warmen Standorten mit ausreichender Luftfeuchtigkeit gedeiht *Syngonium podophyllum* am besten und überzeugt durch rasches Wachstum. Gute Eignung für Brunnenarrangements, das schnelle Wachstum kann jedoch einen Rückschnitt erforderlich machen. Auf ausreichende Wasser- und Nährstoffversorgung achten. Geringer Lichtbedarf, 600–800 Lux, 18–24 °C

Pflanzen für Einkreissysteme

Pflanzen für Einkreisbrunnen haben verschiedenste Anforderungen an Licht und Temperatur. Eines ist ihnen jedoch gemeinsam: Sie müssen einen hohen Wasserstand vertragen. Zimmerbrunnen, bei denen sich Pflanzen und Pumpe im selben Wasserkreislauf befinden, erfordern einen gleichbleibend hohen Wasserstand, damit die Pumpe einwandfrei läuft. Damit auch die Bepflanzung auf Dauer Freude bereitet, ist eine gezielte Pflanzenauswahl nötig. Am besten eignen sich wasserliebende Pflanzen sowie Sumpf- und Teichbepflanzungen. Leider werden diese Pflanzen selten in Hydrokultur angeboten. Viele von ihnen können allerdings leicht vermehrt werden und bilden sogar im Wasserglas auf der Fensterbank Wurzeln. Als Beispiel sei hier das Zypergras angeführt, das sich durch Teilung oder Bewurzeln der Blattquirle in Wasser oder Blähton vermehren läßt.

Aber auch im gängigen Hydrokultursortiment finden sich einige Arten, die einen etwas höheren Wasserstand vertragen. Hier seien *Asparagus*-Arten, *Dieffenbachia maculata* sowie *Ficus pumila* genannt.

Acorus gramineus

Kalmus

Acorus gramineus ist ein gelbbuntes Gras. Als Sumpfpflanze verträgt er auch gleichbleibend hohen Wasserstand und überzeugt durch gute Haltbarkeit. Eine ausreichende Wasserversorgung gewährleistet üppiges Wachstum. *Acorus gramineus* gedeiht an halbschattigen bis hellen Standorten am besten, direkte Sonne ist zu vermeiden. *Acorus* toleriert kurzzeitig auch etwas niedrigere Temperaturen.
Mittlerer Lichtbedarf, 800–1000 Lux, 15–24 °C

Asparagus-Arten

Zierspargel

Die zahlreichen *Asparagus*-Arten mit ihren filigranen Wedeln passen hervorragend in Einkreisbrunnen. Obwohl diese Pflanzenart keine ausgesprochene Sumpfpflanze ist, wächst sie auch bei höherem Wasserstand noch gut. Der Zierspargel benötigt einen halbschattigen bis hellen Standort ohne direkte Sonne. An einem luftigen Platz mit ausreichender Luftfeuchtigkeit gedeiht er am besten.
Mittlerer Lichtbedarf, 800–1000 Lux, 16–24 °C

Carex morrowii

Segge

Carex morrowii ist ein Gras, das einen gleichmäßig feuchten Standort benötigt. Damit eignet es sich hervorragend für alle Zimmerbrunnen. *Carex morrowii* gefällt durch seine weichen Halme, die sich wirkungsvoll am Wasserrand einsetzen lassen. Zahlreiche Arten bieten ein abwechslungsreiches Spektrum, leider werden vom Handel jedoch nur verhältnismäßig wenige angeboten. Der Standort sollte halbschattig bis hell sein, direkte Sonne ist zu vermeiden.
Mittlerer Lichtbedarf, 800–1000 Lux, 16–24 °C

Acorus gramineus

Carex morrowii

Cyperus involucratus, Cyperus diffusus

Zypergras

Cyperus ist eine beliebte Pflanzengattung und bestens für die Bepflanzung von Zimmerbrunnen oder Teichen geeignet. Als Sumpfpflanze fordert das Zypergras einen feuchten Standort, auch ein gleichbleibend hoher Wasserstand wird ausgezeichnet vertragen. *Cyperus* braucht einen hellen Ort ohne direkte Sonne. Ein warmer, luftfeuchter Platz ist die beste Voraussetzung für üppiges Wachstum. Luftfeuchtigkeit, gleichmäßige Wasserversorgung und ausreichende Düngergaben beugen braunen Blattspitzen vor. Im Winter Ruhezeit mit nur geringem Wachstum.
Hoher Lichtbedarf, 1000 Lux, 16–24 °C

Cyperus involucratus

Dieffenbachia maculata

Dieffenbachie

Obwohl die Dieffenbachie mit ihrer schönen Blattzeichnung keine Sumpf- oder Wasserpflanze ist, kann sie mit Einschränkung für Einkreisbrunnen verwendet werden. Die Voraussetzungen für ihr gutes Gedeihen bei hohem Wasserstand sind ein warmer, geschützter Standort und eine ausreichende Wassertemperatur. Die Dieffenbachie benötigt einen halbschattigen bis hellen Platz ohne direkte Sonne.
Mittlerer Lichtbedarf, 800–1000 Lux, 18–24 °C

Ficus pumila

Kletterfeige

Die Kletterfeige gedeiht bei hohem Wasserstand ausgezeichnet und bietet sich daher als Bodendecker für Einkreisbrunnen an. Die rankenden Triebe begrünen schnell größere Flächen, auch Brunnensteine werden schnell überwuchert. Besonders die luftfeuchte Umgebung eines Zimmerbrunnens führt zu raschem Wachstum. Ein häufiger Rückschnitt kann daher erforderlich werden. Ansonsten ist die Kletterfeige an halbschattigen bis hellen Standorten eine ideale Pflanze für alle Zimmerbrunnen.
Mittlerer Lichtbedarf, 800–1000 Lux, 16–24 °C

Pogonatherum paniceum

Zimmerbambus

Der Zimmerbambus mit seinem grasartigen filigranen Wuchs paßt bestens in alle Zimmerbrunnen. *Pogonatherum paniceum* hat einen hohen Wasser- und Nährstoffbedarf, ein gleichmäßig hoher Wasser-

Pogonatherum paniceum

Scirpus cernuus

stand wird gut vertragen. Zimmerbambus gehört an einen hellen Standort ohne direkte Sonne, erst hier entfaltet er seine volle Schönheit. Ältere Pflanzen brauchen viel Platz, wo dieser nicht zur Verfügung steht, sollte man kompakte Sorten wählen. Hoher Lichtbedarf, 1000 Lux, 18–24 °C

Scirpus cernuus

Simse

Das Gras *Scirpus cernuus* gefällt durch seinen feinen Aufbau und die dünnen, leicht überhängenden Halme. *Scirpus cernuus* benötigt eine ständig ausreichende Wasserversorgung, auch ein hoher Wasserstand ist unproblematisch. Das Gras eignet sich gut für Einkreissysteme oder zur Bepflanzung von Wasserrändern. *Scirpus cernuus* benötigt einen halbschattigen bis hellen Standort ohne direkte Sonne. An warmen Plätzen mit ausreichender Luftfeuchtigkeit gedeiht die Simse am besten.
Mittlerer Lichtbedarf, 800–1000 Lux, 16–24 °C

Syngonium podophyllum

Purpurtute

Syngonium podophyllum mit seinen pfeilförmigen Blättern ist bedingt in Einkreisbrunnen einsetzbar, da es einen relativ hohen Wasserstand verträgt. Für ein zufriedenstellendes Wachstum sind sowohl eine ausreichende Luft- als auch Wassertemperatur erforderlich. An Standorten mit angemessener Luftfeuchtigkeit gedeiht *Syngonium podophyllum* am besten und erfreut auch bei hohem Wasserstand durch gute Haltbarkeit. Das schnelle Wachstum kann jedoch einen Rückschnitt erforderlich machen. *Syngonium podophyllum* steht am besten an einem schattigen bis halbschattigen Platz. Geringer Lichtbedarf, 600–800 Lux, 18–24 °C

Geeignete Erdpflanzen

Da bei Hydrokultur auf jegliche Erde im Zimmerbrunnen verzichtet wird, kann die Pumpe nicht so leicht verschmutzen. Man bevorzugt daher Hydrokulturen für die Brunnenbepflanzung, obwohl es auch durchaus ansprechende Brunnen mit Erdpflanzen gibt. Werden Erdpflanzen verwendet, ist eine sorgsame Pflanzenauswahl besonders wichtig. Denn gerade weil man bei Erdpflanzen aus einem reichen Sortiment verschiedenster Pflanzen schöpfen kann, besteht die Gefahr, daß ungeeignete Pflanzen ausgesucht werden. Die Folge sind mangelnde Haltbarkeit, faulende Wurzeln und kümmernde Pflanzen. Nur bei der richtigen Pflanzenwahl bereiten auch Erdpflanzen im Brunnenarrangement dauerhaft Freude.
Möchte man trotz allem nicht auf Erdpflanzen verzichten, sollten nur solche Pflanzen gewählt werden, die es feucht mögen. Am besten eignen sich wasserliebende Pflanzen, also Sumpf- oder Teichpflanzen, wie sie auch für das Einkreissystem empfohlen werden.
Wurzelempfindliche Arten und Pflanzen, die Trockenperioden oder Dürre lieben, sind für die Bepflanzung von Quellsteinen zu vermeiden. Sukkulente Pflanzenarten und Kakteen in Erdkultur kommen für Zimmerbrunnen nicht in Betracht.

Erdpflanzen für Zimmerbrunnen

Sumpf- und Wasserpflanzen, auch für stehendes Wasser bestens geeignet:

- *Acorus gramineus* – Kalmus
- *Carex morrowii* – Segge
- *Cyperus diffusus, Cyperus papyrus* – Zypergras
- *Pogonatherum paniceum* – Zimmerbambus
- *Scirpus cernuus* – Simse

Staunässe (konstant hohen Wasserstand) vermeiden:

- *Adiantum raddianum* – Frauenhaarfarn
- *Asparagus*-Arten – Zierspargel
- *Campanula carpatica, Campanula isophylla* – Glockenblume
- *Ficus benjamina* – Birkenfeige, Zimmerbirke
- *Ficus pumila* – Kletterfeige
- *Fittonia verschaffeltii* – Fittonie
- *Hibiscus rosa-sinensis* – Chinesischer Roseneibisch (Achtung: im Winter Ruheperiode)
- *Hypoestes phyllostachya* – Rosa Pünktchen
- *Impatiens walleriana* – Fleißiges Lieschen
- *Nephrolepis exaltata* – Schwertfarn
- *Pilea cardierei* – Kanonierblume
- *Schefflera actinophylla* – Strahlenaralie
- *Selaginella martensii, Selaginella kraussiana* – Mooskraut
- *Syngonium podophyllum* – Purpurtute

Fittonia verschaffeltii

Adiantum raddianum

Hypoestes phyllostachya

Zierspargel wächst gut in Einkreissystemen

Was ist bei der Bepflanzung eines Zimmerbrunnens mit Erdpflanzen zu beachten?

- Die Erdpflanzen so pflanzen, daß sich der Erdballen nicht im stehenden Wasser befindet.
- Als Substrat zur Fixierung im oder am Brunnenstein ist poröses Material wie Blähton (feine Körnung) oder Granulat aus Lava- oder Schamottgestein herkömmlicher Blumenerde vorzuziehen.
- Auswaschung der Erde in den Brunnenkreislauf verhindern, da sonst die Pumpe verstopfen kann.
- Bei direkter Bepflanzung von Mulden im Quellstein nur wurzelunempfindliche und wasserliebende Pflanzen verwenden.

Standort und Pflege der Hydropflanzen

Wachstum und Gedeihen der Pflanzen im Brunnenarrangement hängen vor allem von der richtigen Standortwahl und der Pflanzenpflege ab. Wenn man die Standortansprüche kennt und einige Grundregeln beachtet, sind Hydropflanzen dankbare Zeitgenossen.

Standortansprüche

Ohne Licht kein Wachstum – dieser Satz gilt auch für Pflanzen in Zimmerbrunnen. Licht ist ein Faktor, dem wir größte Beachtung schenken müssen. Oft kümmern Pflanzen, weil diesem Wachstumsfaktor nicht ausreichend Rechnung getragen wurde. Alle Hydropflanzen brauchen zur Aufrechterhaltung ihrer Lebensvorgänge sowie für einen guten Zuwachs eine gewisse Mindestlichtstärke. Darin unterscheiden sich Hydropflanzen nicht von Erdpflanzen. Die benötigte Lichtintensität ist vor allem von der Pflanzenart abhängig, in geringem Maße auch von Alter, Entwicklungsstadium und allen anderen Standortfaktoren. An einem warmen Standort muß die Lichtstärke höher sein als an einem kühlen. Umgekehrt läßt sich ein zu kalter Platz aber nicht durch ein höheres Lichtangebot ausgleichen. Alle Wachstumsfaktoren, also Licht, Luft, Wasser, Temperatur und Nährstoffe, müssen in einem günstigen Bereich liegen, um ein optimales Wachstum zu gewährleisten. Stimmt nur einer dieser Faktoren nicht, wirkt sich dies schon negativ auf das Pflanzenwachstum aus.

Pflanzen mit geringen Lichtansprüchen benötigen für ein gutes Gedeihen mindestens 600–800 Lux. Pflanzen mit mittlerem Lichtbedarf brauchen 800–1000 Lux, solche mit hohem Lichtanspruch mehr als 1000 Lux. Entsprechende Lichtintensitäten müssen deshalb für das Brunnenarrangement vorhanden sein. Bei geringerer Lichtintensität wird eine Zusatzbeleuchtung erforderlich. Pflanzen wachsen bestens unter künstlichem Licht, wenn die spektrale Zusammensetzung des Lichts den Pflanzenbedürfnissen entspricht. Diese Bedingung erfüllen spezielle Pflanzenleuchten, wie beispielsweise sogenannte Hochdruck-Quecksilberdampflampen. Glühlampen sind dagegen als Pflanzenbeleuchtung ungeeignet.

Auch der Temperatur am Zimmerbrunnenstandort kommt eine entscheidende Bedeutung zu. Die meisten der verwendeten Hydropflanzen brauchen tagsüber eine Temperatur von 18–22 °C, nachts von 18–20 °C. Es sind Warmhauspflanzen, die aus tropischen Gebieten kommen und daher empfindlich auf kalte Zugluft reagieren. Auch in dieser Hinsicht besteht kein Unterschied zwischen Erd- und Hydrokultur.

Anders sieht es bei der Wassertemperatur aus. Für Brunnenpflanzen, die in Hydrokultur wachsen, spielt die Wassertemperatur eine wichtige Rolle. Während Erde Temperaturschwankungen im Wurzelbereich abschwächen kann, sind Hydropflanzen den Wassertemperaturen ungeschützt ausgesetzt. Niedrige Temperaturen im Wurzelbereich wirken sich direkt negativ auf das Pflanzenwachstum aus, sie sind deshalb unbedingt zu vermeiden.

Umgekehrt fördert eine Wassertemperatur, die leicht über der Lufttemperatur liegt, das Pflanzenwachstum. Diesen Effekt kann man sich zunutze machen. Pflanzgefäße auf einer Fußbodenheizung oder Brunnen, die auf der Fensterbank über einem warmen Heizkörper stehen, bieten den Pflanzen ideale Wachstumsbedingungen. Gleichzeitig wird die Luftfeuchtigkeit im Raum erhöht.

Für die meisten Hydrokulturpflanzen sind Wassertemperaturen von 20–24 °C optimal. Eine Wassertemperatur von 18 °C sollte im Brunnenarrangement nicht unterschritten werden. Lassen sich kurzzeitig geringere Wassertemperaturen nicht vermeiden, ist unbedingt ein niedriger Wasserstand einzustellen. In Zweikreisbrunnen kann unter solchen Umständen

Zimmerbrunnen können ganz unterschiedlich wirken

der Wasserstand extrem tief abgesenkt werden. In Einkreissystemen ist dies jedoch nicht möglich, da sonst Gefahr für die Pumpe besteht.
Um eine starke Abkühlung des Wassers zu vermeiden, dürfen Brunnenarrangements bei ungünstigen Temperaturen nicht auf dem Boden oder auf einer kalten Marmorfensterbank stehen. Hier kann schon eine Holz- oder Korkunterlage helfen. Bei Brunnen in Großgefäßen wirken Rollen oder Gefäßunterbauten als Isolierung.
Zu hohe Temperaturen sind seltener ein Problem. Schädlich sind erst Wassertemperaturen von 28–30 °C und darüber. Bei diesen Temperaturen nehmen die Pflanzenwurzeln Schaden, da ihnen dann der lebenswichtige Sauerstoff fehlt. Die Lufttemperatur sollte je nach Pflanzenart 30–35 °C nicht überschreiten. Zumeist macht aber nicht Wärme, sondern zu hohe Einstrahlung den Pflanzen an einem sonnigen Platz zu schaffen. Diese kann zu Verbrennungen führen.

Pflanzenauswahl für Wintergärten und kühle Räume

In Wintergärten und kühlen Räumen sind Zweikreisbrunnen vorzuziehen, weil sie es ermöglichen, den Wasserstand abzusenken. An kühlen Standorten ist ein niedriger Wasserstand unbedingt erforderlich, da die Pflanzen nur sehr wenig Wasser verbrauchen. Bei hohem Wasserstand besteht Fäulnisgefahr, die Wurzeln sterben ab und beginnen zu stinken.
Da man meist bereits vor der Installation des Brunnens weiß, welche Temperaturen am zukünftigen Standort herrschen werden, kann man die Pflanzenauswahl entsprechend darauf abstimmen. Die Empfindlichkeit einzelner Pflanzenarten gegenüber tiefen Temperaturen ist sehr unterschiedlich. Manche sonst sehr robuste Pflanzenart toleriert keine Temperaturen unter 20 °C. An kühlen Standorten sollte man zum Beispiel auf Dracaenen verzichten, vor allem auf die Art *Dracaena marginata*, bei der die dickfleischigen Wurzeln schnell faulen. Auch das sonst so unverwüstliche *Epipremnum pinnatum* gedeiht nicht bei niedrigen Temperaturen. Weiterhin sind auch alle *Dieffenbachia*-Arten sowie *Codiaeum variegatum* für einen kühlen Wintergarten ungeeignet.
Andere Arten finden dagegen auch noch an relativ kühlen Standorten ein Auskommen. So fühlen sich alle Araliengewächse wie *Schefflera arboricola*, *Schefflera actinophylla* und *Hedera helix* an kühlen Plätzen wohl. Auch *Yucca elephantipes* kann einen Standort mit geringen Temperaturen gut vertragen. *Aucuba japonica*, *Euonymus japonica* und *Asparagus*-Arten bieten sich als Beipflanzen an. Mit Einschränkung sind auch verschiedene *Ficus*-Arten und *Cissus rhombifolia* einsetzbar. Aber bei all diesen Pflanzen gilt, daß ein kühler Standort gleichzeitig einen niedrigen Wasserstand erfordert.

Hydropflanzen richtig düngen

Ein gesundes Pflanzenwachstum erfordert neben genügend Licht und Wärme auch eine optimale Nährstoffversorgung. In Hydrokultur müssen alle notwendigen Stoffe in der Nährlösung vorhanden sein, da das Substrat Blähton keinerlei Speichervermögen für Mineralstoffe hat. Aus diesem Grund kommt der richtigen Pflanzenernährung eine entscheidende Rolle zu. Dennoch gestaltet sich die Ernährung der Hydropflanzen denkbar einfach, da das Angebot geeigneter Dünger groß ist. Am unproblematischsten ist zweifellos die Verwendung des Langzeitdüngers „Lewatit HD 5“. Dieser Dünger ist ein sogenann-

ter Ionenaustauschdünger, der aus Kunstharzkügelchen besteht, die mit Nährstoffen beladen sind. Die Nährstoffe werden im Austausch gegen im Wasser befindliche Salze abgegeben. Das hat mehrere Vorteile: Die Nährstoffversorgung ist für einen längeren Zeitraum, nämlich bis zu vier Monaten, möglich. Eine Überdüngung hingegen ist nahezu ausgeschlossen. Eventuell im Wasser vorhandene schädliche Salze werden angelagert, die Salzkonzentration des Gießwassers reduziert sich und eine Wasseraufbereitung wird damit überflüssig.
Das Prinzip des Ionenaustausches macht die Benutzung normalen Leitungswassers nötig. Nur wenn Salze im Gießwasser vorhanden sind, können diese gegen die Nährionen ausgetauscht werden. Die Verwendung von Regenwasser oder entsalztem Wasser, beispielsweise aus einer hauseigenen Enthärtungsanlage, verhindert diesen Ionenaustausch und führt zu Nährstoffmangel. Für entsalztes oder sehr weiches Wasser, das nur wenig Ionen für den Austausch enthält, gibt es einen speziellen Dünger, das „Lewatit HD 5 plus". Es ist mit zusätzlichen Salzen angereichert, die die Nährstoffversorgung in Gang setzen. Die Anwendung ist bei beiden „Lewatit"-Präparaten gleich. Bei Zweikreissystemen gibt man 30–50 cm^3 pro Pflanze direkt in das Brunnengefäß.
Der Dünger kann, falls vorhanden, durch das Absaugrohr des Wasserstandsanzeigers eingefüllt werden. Eignet sich der vorhandene Wasserstandsanzeiger nicht für diese Vorgehensweise, streut man das Düngegranulat einfach auf die Blähtonoberfläche. In beiden Fällen sollten die Kügelchen mit reichlich Wasser eingespült werden. Der Dünger sickert auch bei der zweiten Methode mit der Zeit vollständig ein. Die Nährstoffversorgung ist nun für vier Monate gewährleistet.
Bei Einkreissystemen besteht die Gefahr, daß der Dünger die Pumpe verstopft. Hier ist es sicherer, dieselbe Düngermenge wie beim Zweikreissystem in einem Stoffsäckchen in den Wasserkreislauf einzulegen. Damit läßt er sich auch später problemlos aus dem Kreislauf entfernen, da sich die „Lewatit"-Kügelchen nicht auflösen.
Daneben stehen spezielle Hydroflüssigdünger ohne Harnstoff zur Verfügung. Die Dosierung erfolgt nach Gebrauchsanweisung, bei jedem Gießen wird mit einer gering konzentrierten Düngerlösung aufgefüllt. Flüssigdünger finden dort Anwendung, wo eine preiswerte Nährstoffversorgung erwünscht ist, wie beispielsweise bei der Pflege größerer Hydroanlagen mit oder ohne Brunnen. Flüssigdünger bieten außerdem den Vorteil, daß sie flexibler dosiert und damit besser an das Pflanzenwachstum angepaßt werden können.

Eine Bepflanzung für warme Räume

Nachteilig ist dagegen der höhere Arbeitsaufwand und ein regelmäßig notwendiger Wechsel der Nährlösung.
Beim Einkreisbrunnen ist von Flüssigdüngern abzuraten, da Salzausblühungen auftreten können und somit die Verschmutzung der Brunnensteine begünstigt wird.

Wasserversorgung

Wenn es um Brunnen geht, ist immer von ausreichend Wasser zum einwandfreien Betrieb der Pumpe die Rede. Keinesfalls darf die Pumpe trockenlaufen, das weiß selbst der Anfänger. Welche Anforderungen stellen aber die Pflanzen an den Wasserstand?
Für die optimale Wasserversorgung der Hydropflanzen gilt: Ist der Wasserstand soweit abgesunken, daß der Wasserstandsanzeiger auf „Minimum“ zeigt, wird Wasser aufgefüllt. Man gießt nun, bis der Anzeiger „Optimum“ anzeigt, keinesfalls soll der Wasserstand andauernd auf „Maximum“ stehen. Nur bei längerer Abwesenheit wie Urlaubsfahrten darf bis zur Markierung „Maximum“ aufgefüllt werden.
Welchen Grund hat dieser Gießrhythmus? Ein wechselnder Wasserstand ist für die Hydropflanzen optimal, da die Pflanzenwurzeln nicht nur Wasser, sondern auch Luft beziehungsweise Sauerstoff benötigen. Bei hohem Wasserstand leiden die Wurzeln leicht unter Sauerstoffmangel. Sinkt der Wasserstand jedoch regelmäßig ab, bevor erneut Wasser nachgegossen wird, ist die Sauerstoffversorgung der Pflanzenwurzeln gewährleistet. Das Auf und Ab des Wasserstandes bewirkt also eine Belüftung der Pflanzenwurzeln. Je nach Pflanzenart und Standort schadet sogar eine kurze Trockenheit nicht. Ausnahmen sind feuchteliebende Pflanzen wie *Cyperus*-Arten, *Pogonatherum paniceum*, *Hibiscus rosa-sinensis* und *Ficus pumila*. Sie vertragen keine Trockenheit und sollten daher immer gleichmäßig mit Wasser versorgt werden.
Nun können die Pflanzen im Brunnenarrangement nicht immer unabhängig vom Brunnen mit Wasser versorgt werden.
Beim Einkreissystem ist die Wasserversorgung der Pflanzen mit der Versorgung des Brunnens gekoppelt. Pflanzen und Pumpe befinden sich im gleichen Wasserkreislauf, der Wasserstand muß Pflanzen und Brunnentechnik gleichermaßen genügen. Dies bedeutet einen Kompromiß, der Wasserstand darf wegen der Pumpe nie auf „Minimum“ absinken. Es wird Wasser aufgefüllt, bis der Anzeiger „Maximum“ anzeigt, der Wasserstand darf dann wieder bis auf „Optimum“ fallen, bevor erneut gegossen werden muß. Diesen gleichbleibend hohen Wasserstand vertragen jedoch nicht alle Pflanzen. Deshalb ist beim Einkreisbrunnen die Wahl feuchteliebender Pflanzen dringend erforderlich (siehe Abschnitt „Pflanzen für Einkreissysteme“). Oder man wählt einen Einkreisbrunnen mit Spezialeinsatz, der die Pflanzen so hoch im Arrangement fixiert, daß ihre Wurzeln noch gut mit Sauerstoff versorgt sind.
Unabhängig vom verwendeten Brunnensystem ist es wichtig, die einwandfreie Funktion des Wasserstandsanzeigers regelmäßig zu kontrollieren. Eine Pflanzenwurzel, Langzeitdünger oder Abrieb vom Blähton können den empfindlichen Schwimmer verklemmen und einen falschen Wasserstand vortäuschen. Dann wird zuviel oder zuwenig nachgegossen, die Pflanzenwurzeln faulen, oder die Pumpe läuft trocken. Hier ist Aufmerksamkeit geboten. Bewegt sich der Schwimmer beim Wasserauffüllen? Ver-

Weißer Zierkies wirkt in einer blauen Schale besonders schön

brauchen die Pflanzen das Wasser, sinkt der Wasserstand im Laufe der Zeit wieder ab? Geschieht dies nicht, muß der Wasserstandsanzeiger ausgebaut und ausgespült werden (siehe Kapitel „Aufbau und Bestandteile des Zimmerbrunnens").

Warum kränkelt die Pflanze?

Wann immer eine Pflanze kränkelt, gilt es, die Ursache der Pflanzenschädigung zu erkennen. Viele Faktoren wirken auf die Pflanze ein und können der Grund für Blattfall, faulende Wurzeln oder Wachstumsstillstand sein. Die Pflanze reagiert nicht grundlos mit Symptomen. Meist ist eine Änderung der einwirkenden Faktoren, zum Beispiel des Standorts oder der Pflegemaßnahmen, der Anlaß für eine entsprechende Pflanzenreaktion. Damit Abhilfe geschaffen werden kann, ist eine gewissenhafte Prüfung der einzelnen Faktoren nötig.

- War der Wasserstand, eventuell durch „Brückenbildung" zum Brunnenkreislauf, zu hoch?
- Wurden für ein Einkreissystem ungeeignete Pflanzen ausgewählt?
- Wurde das Gießen vergessen oder zu spät nachgegossen?
- Steht der Brunnen zu dunkel?
- Waren die Pflanzen direkter Sonneneinstrahlung ausgesetzt?
- War die Temperatur am Standort – auch nachts – hoch genug?
- War die Temperatur zu hoch?
- Wurde mit eiskaltem Wasser gegossen?
- War die Wassertemperatur – auch nachts – hoch genug?
- Wurde regelmäßig gedüngt?
- Kann eventuell eine Überdüngung vorliegen?
- Wurde der Dünger richtig dosiert?
- Liegt eine Verunreinigung der Nährlösung vor? Wurden womöglich Getränkereste, Zigarettenreste oder Abfälle ins Brunnengefäß geschüttet?
- Haben Reinigungsmittel, Chemikalien, Farben oder Klebstoffe auf die Pflanzen eingewirkt?
- Wurde Blattglanzspray zu intensiv angewendet? Konnten sich Blattglanzspray oder Pflanzenschutzmittel im Wasserkreislauf ansammeln?
- Wurden Algenmittel zur Reinigung des Brunnensteins eingesetzt?
- Hat das Brunnenarrangement beim Transport gelitten? War der Brunnen im Auto Hitze oder Kälte ausgesetzt?

Wenn die Ursache der Schädigung erkannt ist, kann die Beseitigung erfolgen. Das Brunnenarrangement enthält einen anderen Standort, man sorgt für die richtige Luft- und Wassertemperatur sowie für genügend Licht. Bei zu intensiver Einstrahlung kann eine Schattierung gute Dienste leisten. Der Wasserstand wird richtig eingestellt, wo nötig, wählt man eine wasserliebende Bepflanzung. Möglicherweise muß gedüngt werden. Der Düngemonat wird festgehalten, um den Fehler für die Zukunft zu vermeiden. Bei Überdüngung verdünnt man die Nährlösung mit klarem Wasser, in extremen Fällen sollte mit klarem Wasser durchgespült werden. Das gleiche gilt für andere Verunreinigungen der Nährlösung. Bei Schäden durch Blattglanzspray oder Spritzmittel kann ein Rückschnitt helfen.

Sehr oft hängen die Pflanzenschäden im Brunnenarrangement mit der Wasserversorgung zusammen. Im Zweikreissystem kommt es häufig unbeobachtet zur „Brückenbildung", so daß zuviel Wasser aus dem Brunnenkreislauf zu den Pflanzen läuft. Der Wasserstand steigt an und bleibt gleichbleibend hoch, die Pflanzenwurzeln faulen.

Harmonie von Licht, Wasser und Pflanzen

Eine regelmäßige Beobachtung der Pflanzen hilft, einen Schädlingsbefall frühzeitig zu erkennen. Das rechtzeitige Entdecken der Schädlinge ermöglicht eine wirksame Bekämpfung. Die wichtigsten Schädlinge im Überblick:

Spinnmilben
Die sehr kleinen Spinnentiere, auch Rote Spinne genannt, sitzen bevorzugt auf den Blattunterseiten und schädigen durch Aussaugen der Zellen. Die Blätter sind blaß, gesprenkelt, vergilbt oder verdörrt. Bei fortgeschrittenem Befall treten Gespinstfäden auf. Trockene, warme Luft ist die ideale Voraussetzung für einen Befall.

Schild- und Wolläuse
Schild- und Wolläuse sind unter braunen Schilden oder weißen wolligen Ausscheidungen gut abgeschirmt. Die Schadwirkung beruht auf dem Aussaugen der Zellen und der nachfolgenden Verschmutzung durch den sogenannten Rußtau. Rußtau entsteht durch zuckerhaltige Ausscheidungen der Tiere, die von Schwärzepilzen besiedelt werden.

Blattläuse
Auch Blattläuse saugen Pflanzenzellen aus, die Blätter rollen oder kräuseln sich, die Triebe wachsen kümmerlich. Durch Rußtaubildung kommt es zur Verschmutzung der Pflanzen. Wie Spinnmilben lieben Läuse warme, trockene Luft.

Weiße Fliege
Die Weiße Fliege, auch Mottenschildlaus genannt, sitzt auf der Blattunterseite und fliegt bei Berührung auf. Die Schädigung erfolgt hauptsächlich durch die Verschmutzung der Pflanzen mit Rußtau.

Thripse
Thripse, auch Blasenfüße genannt, sind 1 mm groß, länglich und unterschiedlich gefärbt. Sie saugen die Zellen aus, wodurch eine Sprenkelung der Blätter entsteht.

Die Schädlingsbekämpfung im Wohnbereich erfordert ein genaues Befolgen der Gebrauchsanleitung der verwendeten Mittel. Es dürfen nur Pflanzenschutzmittel benutzt werden, die für Innenräume zugelassen sind. Die angegebenen Vorsichtsmaßregeln sind einzuhalten, um Menschen und Haustiere nicht zu gefährden. Die gebräuchlichste Art der Schädlingsbekämpfung ist die Verwendung von Sprays. Der Handel bietet hierzu eine Vielzahl geeigneter Mittel an, erfreulicherweise inzwischen ohne FCKW-haltiges Treibgas. Pumpzerstäuber, ganz ohne Treibgas, haben den Vorteil, daß Kälteschäden vermieden werden. Bei allen Spraydosen mit Treibgas muß beim Sprayen ein Mindestabstand von 30–50 cm eingehalten werden, da sonst Kälteschäden durch das Treibmittel verursacht werden. Das gilt auch für Blattglanzsprays. Bei jeder Schädlingsbekämpfung ist es wichtig, die Spraybehandlung mehrmals zu wiederholen, um so alle Stadien der Schädlinge zu erfassen. Der Abstand zwischen den Behandlungen sollte weniger als eine Woche betragen. Ein Mittelwechsel beugt Resistenzen der Schädlinge vor.
Auch Blattglanzsprays wirken gut gegen Spinnmilben sowie gegen Schild- und Wolläuse. Der Ölfilm schränkt die Atmungsfähigkeit der Insekten ein und erstickt die Schädlinge. Blattglanzsprays dürfen jedoch nur in mehrwöchigen Abständen eingesetzt werden, da sonst die natürlichen Blattöffnungen der Pflanze verkleben. Pflanzenschäden sind dann die Folge. In Kombination mit anderen

Bekämpfungsmaßnahmen stellen Blattglanzsprays eine wirkungsvolle Methode der Schädlingsbekämpfung dar. Jedoch vertragen nicht alle Pflanzen eine Behandlung mit diesen Sprays (siehe Kapitel „Die Pflanzenauswahl").
Bei Hydropflanzen im Zweikreisbrunnen besteht außerdem die Möglichkeit, ein sogenanntes systemisches Mittel einzusetzen. Dieses Pflanzenschutzmittel, „Systemschutz D", wird den Pflanzen mit dem Wasser gemäß Gebrauchsanleitung verabreicht. Die Pflanze nimmt den Wirkstoff auf und verteilt ihn in Blättern, Stengeln und Blüten. Die Schädlinge nehmen das Mittel dann beim Ansaugen der Zellen auf und werden abgetötet. Der Fachmann spricht hier von einer systemischen Wirkungsweise.
Für Einkreissysteme ist „Systemschutz D" nicht geeignet, da das Mittel im Brunnenkreislauf auch verstärkt an die Raumluft abgegeben würde. Obwohl „Systemschutz D" als ungiftig gilt, ist eine solche Verwendung sicher nicht empfehlenswert. Aber auch bei der Spraybehandlung mit Pflanzenschutzmitteln ist eine Abdeckung des Brunnensteins anzuraten. Der Sprühnebel legt sich sonst auf den Brunnenstein und gelangt so in geringen Konzentrationen in den Brunnenkreislauf. Durch Abdecken des Brunnens, besonders bei mehrmaliger Spraybehandlung, verhindert man sicher, daß aus dem Brunnen ungewollt Wirkstoffe verdunsten.

Kupferbrunnen

Wer auf chemische Schädlingsbekämpfung ganz verzichten möchte, hat heute die Möglichkeit, biologische Schädlingsbekämpfung zu betreiben. Die biologische Bekämpfung beruht darauf, die Ausbreitung eines Schädlings durch den Einsatz seines natürlichen Feindes einzudämmen. Der natürliche Gegenspieler wird auch als Nützling bezeichnet. Folgende Nützlinge kommen bereits zum Einsatz:

- Raubmilben gegen Spinnmilben und Thripse
- Australischer Marienkäfer gegen Wolläuse
- Schlupfwespen gegen Blattläuse und Weiße Fliegen
- Florfliegen gegen Thripse und Blattläuse
- Räuberische Gallmücken gegen Blattläuse

Im Fachhandel sind Bestellscheine für Nützlinge zu bekommen. Der Versand der bestellten Nützlinge erfolgt per Post, sie müssen unverzüglich nach Erhalt auf den befallenen Pflanzen ausgesetzt werden.
Die zur Verfügung stehenden Verfahren der biologischen Schädlingsbekämpfung werden ständig weiterentwickelt und verbessert. Sie sind jedoch bereits jetzt eine interessante Alternative zum chemischen Pflanzenschutz und sollten verstärkt eingesetzt werden.

Halbfette Seitenzahlen verweisen auf eine ausführliche Erläuterung des Begriffs, *kursive* auf Abbildungen

Im FALKEN Verlag sind zahlreiche Titel zum Thema „Garten“ erschienen.
Bitte fragen Sie Ihren Buchhändler.

Dieses Buch wurde auf chlorfrei gebleichtem und säurefreiem Papier gedruckt.

Die Deutsche Bibliothek – CIP-Einheitsaufnahme

Zimmerbrunnen / Renate Müller. – Niedernhausen/Ts. :
FALKEN, 1996
ISBN 3-8068-1705-7

ISBN 3 8068 1705 7

Umschlaggestaltung: Andreas Jacobsen
Redaktion: Dr. Sigrun Künkele
Herstellung: Petra Becker
Titelbild: Leni-Hydrokultur, Bergneustadt
Rücktitel: Magic Green, Wiesbaden-Delkenheim
Fotos: FALKEN ARCHIV/Landini: 44, 46, 48 l., 50 l., 52 M., 53 r., 58 l., 60 l., 62 l., 65 r., 66, 67 o.l., 67 u.l. /Tessmann & Endress: 47 u., 48 r., 49 l., 49 r., 50 r., 51 l., 51 r., 52 l., 52 r., 54 l., 54 M., 54 r., 56 l., 57 r., 58 r., 59 l., 60 r., 61 r., 62 r., 63 l., 64, 65 l.; **Hygreno-Hydrokultur,** Nordkirchen: 2, 16, 36, 69 u., 71; **Leni-Hydrokultur,** Bergneustadt: 3, 4 l., 4 r., 5, 7, 8, 10, 12, 13, 24, 28, 37, 40, 43, 77; **Magic Green,** Wiesbaden-Delkenheim: 20, 31, 34, 35, 39, 67 r.o., 73, 75; **Rheinhard-Tierfoto,** Heiligkreuzsteinach-Eiterbach: 45; **Max F. Wetterwald,** Offenburg: 1, 47 o., 55, 56 r., 57 l., 61 l., 63 r.

Zeichnungen: Ulrike Hoffmann, Bodenheim

Die Ratschläge in diesem Buch sind von der Autorin und vom Verlag sorgfältig erwogen und geprüft, dennoch kann eine Garantie nicht übernommen werden. Eine Haftung der Autorin beziehungsweise des Verlags und seiner Beauftragten für Personen-, Sach- und Vermögensschäden ist ausgeschlossen.

Satz: FALKEN Verlag, Niedernhausen/Ts.
Druck: Druckerei Parzeller GmbH, Fulda

817 2635 4453 6271